SIXIEME RECUEIL

DE

NOUVELLES PIECES

FUGITIVES

DE

MR. DE VOLTAIRE.

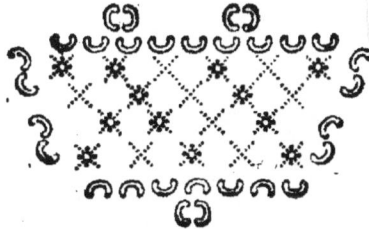

A GENEVE,

ET SE TROUVE A PARIS,

CHEZ *DUCHESNE* RUE S. *JACQUES*

AU TEMPLE DU GOUT.

———————————————

M DCC LXIII.

MEMOIRE

POUR LE Sʀ. GAUDON

ENTREPRENEUR DES SPECTA-CLES SUR LES BOULEVARDS DE PARIS

CONTRE

LE Sʀ. RAMPONEAU

AVEC

LE PLAIDOYER

DUDIT Sʀ. RAMPONEAU

PRONONCE PAR LUI MÊME.

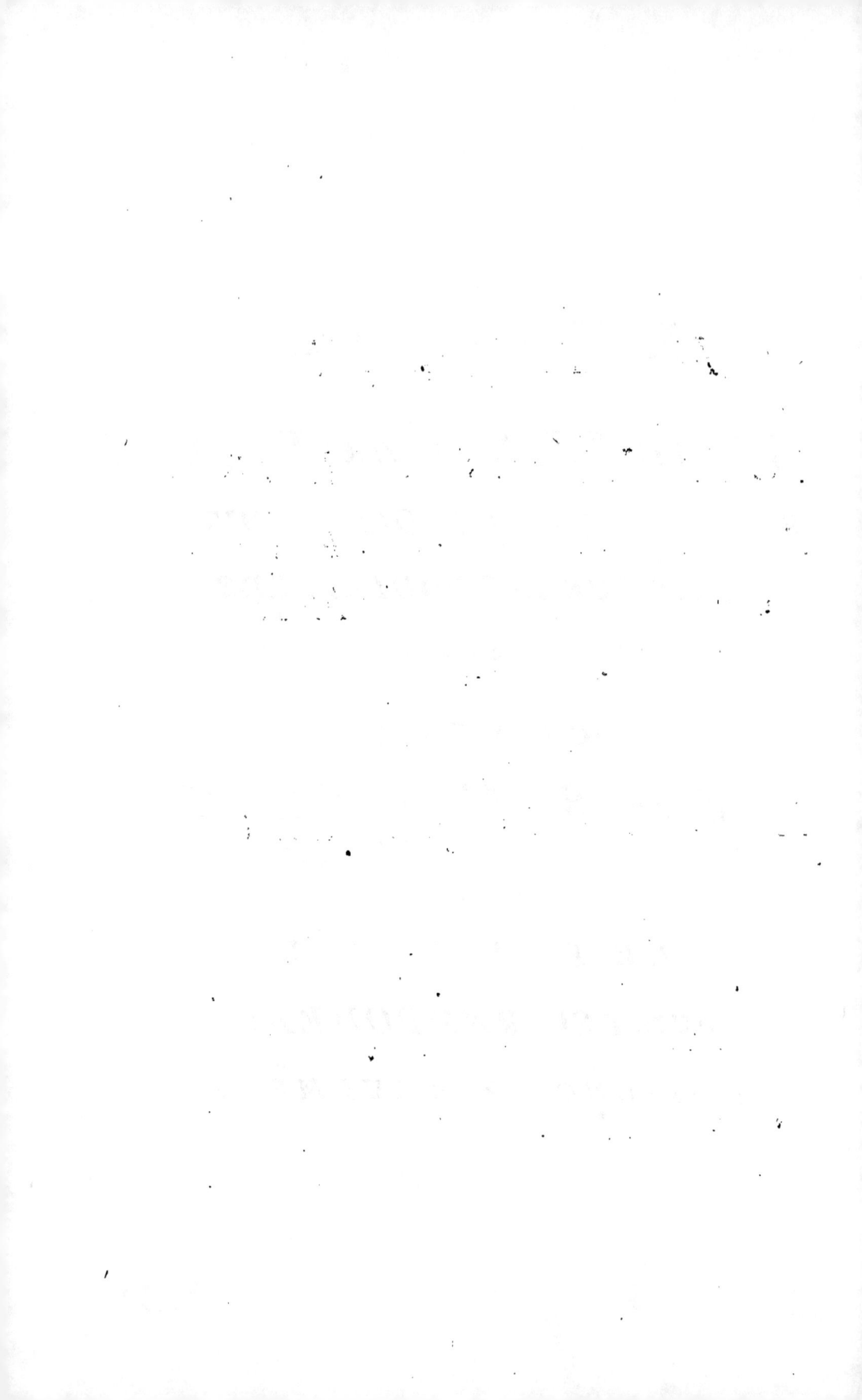

MEMOIRE

POUR le Sieur Gaudon, Entrepreneur de Spectacles fur les Boulevards de Paris.

CONTRE le Sieur Ramponeau, *ci-
devant Cabaretier à la Courtille.*

Le Sieur Ramponeau, devenu tout-à-coup, fans y prétendre, l'objet des empreffe-mens de la Cour & de la Ville, a eu honte de fa réputation, & a fenti, qu'il était fait pour prendre un vol plus élevé. Des difpofitions pour le Théâtre fe font développées en lui affez rapide-ment; & le Public, toûjours fon admirateur, fe fla-tait de le voir amufer au premier jour fur le Boule-vard fes yeux & fes oreilles. Il fe refufe à la con-vention folemnelle, qu'il a faite avec le Sieur Gau-don de paraître dans fes Piéces, & des vûes d'in-térèt le rappellent à fon premier état. Qu'il les fuive, rien n'eft plus naturel; mais vouloir faire fouffrir une perte réelle à celui, qui l'a arrêté dans fa Troupe, appeller la Religion à fon fecours pour fe

A 3

jouer

jouer de ſes engagemens, c'eſt en vérité abuſer du faible, qu'on a pour lui, & forcer le Public trop complaiſant de ne le regarder plus que comme un homme ordinaire.

F A I T.

Ramponeau nâquit à Argenteuil le . . . . . Ses commencemens, comme céux de la plûpart des grands hommes, furent obſcurs, & on peut le regarder comme le premier de ſon nom. Il occupa ſon enfance, comme Homère, à chanter aux portes des Cabarets, en attendant, qu'il pût lui-même y faire chanter à ſon tour; mais on ne verra point ſans doute, comme pour le Poëte Grec, ſept Villes ſe diſputer l'honneur de lui avoir donné la naiſſance.

Des vûes plus ſolides le tirèrent de ces délaſſe-mens agréables. Comme il penſait au-deſſus de ſon âge, il ne tarda pas à s'appercevoir, par le peu d'égards, qu'on lui témoignait quelque-fois, que pour acquérir de la conſidération & de la conſiſtan-ce il lui fallait un état.

La mort d'un oncle fort avancé en âge lui en procura un, en lui transmettant la propriété d'un ter-rain & d'une vaſte maiſon à la Courtille. Ce vieillard l'avait bâtie d'une multitude de petites libéra-lités, dont le Ciel avait récompenſé ſon aſſiduité dans les Egliſes; & comme il avait été extrêmement ré-pandu, il laiſſa à ſon neveu un très-grand nombre d'amis.

d'amis, qui, dès que celui-ci eut changé cette maifon en Cabaret, devinrent naturellement fes premiéres pratiques & fes prôneurs.

Placé hors de l'atmofphère de la Ferme, le Cabaret fameux de Ramponeau n'en reffentit point les funeftes influences. De-là, cette modicité célèbre du tarif de fes vins, presque incroyable pour les riches, qui ne jugent de la bonté des chofes que par la grandeur de leur prix, & fi attrayante pour les Citoyens des derniers Ordres de l'Etat. On vit ceux-ci y accourir en foule, on vit les plus grands noms fe mêler parmi eux, les Dignités cacher leurs fignes diftinctifs, & aimer à fe confondre parmi ces hommes, qu'on regarde quelquefois, dans l'yvreffe de la grandeur, comme des êtres d'une efpèce différente. L'heureux Ramponeau parut alors vraiment l'*Ami des hommes*, & tout retraça chez lui la fimplicité fauvage & naturelle du premier âge, & cette égalité, dont nous portons en nous le fentiment & le défir. Quelle fatisfaction pure ç'eût été pour ce Philofophe folitaire, qui l'a fi fort prônée, de voir là tant de partifans de fon fyftême ne fentir d'autres befoins, d'autres défirs que la brute, & fe rapprocher, la tête panchée fur la table & les bras inclinés vers la terre, de l'état, pour lequel il prouve fi éloquemment, que nous avons été créés !

Mais, malgré cette affluence fi flateufe, Ramponeau fentait un vuide dans fon cœur. Il ne pou-

vait

vait se diffimuler, que la curiofité publique l'avait pris pour objet, fans qu'on fçût trop pourquoi; qu'il n'était proprement qu'un fpectacle muet, & il était confus en lui-même de la bonté, avec laquelle les Citoyens de cette Capitale, & même des perfonnes d'un certain rang, voulaient bien admirer un homme tourné comme un autre, & d'une phyfionomie affez commune, parce qu'il vendait un plus grand nombre de pintes de vin que fes Confrères. Il réfolut de procurer au Public le mérite de l'applaudir avec plus de juftice, & d'une manière plus directe, en montrant, que fon génie n'était pas borné à éluder les droits de la Ferme par un débit fait au-delà de fes limites. Il prit le parti de fe faire Comédien.

Il eft vrai, qu'il fut arrêté d'abord dans ce noble deffein par la difficulté du fuccès. Il avait penfé, qu'il fallait connaître & étudier la nature, la rendre fans l'outrer, être naïf fans baffeffe, noble fans enflure, naturel fans afféterie. Mais cette rigueur de la théorie lui parut bien adoucie par l'aifance de la pratique. On le conduifit à l'un de nos Théâtres; il fentit alors, qu'il pourrait être un grand Comédien, en difpofant fes bras en cercle, en tirant avec effort des fons entrecoupés du fond de fa poitrine, en s'arrêtant à des endroits prétendus beaux, en regardant le Ciel d'un œil égaré & furieux, en s'emportant avec violence aux approches du cinquiéme acte: ou bien encore en minaudant avec

une

une tabatière, en allongeant son col vers le parter-
re, en rendant avec un sourire léger les sentimens
les plus passionnés; en un mot, que pour peu qu'il
pût ou forcer la nature ou la méconnaître, il n'aurait plus à craindre que l'embarras des applaudiffemens.

Il s'enhardit donc dans son projet, & pria un
ami de le présenter au Sieur Gaudon, Entrepreneur
des Spectacles sur les Boulevards, afin d'essayer
ses talens & ses espérances sur un Théâtre plus mo-
deste. Mais quel besoin avait-il d'être présenté,
quand son nom seul l'annonçait avec tant d'éclat?

Ils firent ensemble le 24 Mars, un traité en
présence de beaucoup d'honnètes gens, notables
habitans du Boulevard.

Ce traité fait trop d'honneur à Ramponeau, pour
que nous ne nous faffions pas un devoir d'en rendre compte. Cet Homme célèbre „s'oblige de
„ paraître & jouer dans le Spectacle du Sieur Gau-
„ don, & consent, que le Sieur Gaudon le fasse an-
„ noncer, afficher, voir en-dehors & en-dedans,
„ fasse peindre son portrait au naturel, fasse faire des
„ chansons, livres & piéces *à son avantage*, pour le
„ tems de deux mois & demi ou environ, depuis
„ le 14 Avril jusqu'au 28 Juin.„ De son côté le
Sieur Gaudon lui promet 400 livres, dont 200 livres, payables par billet à ordre, lui feront délivrées
huit jours après son début, & le reste après cinq fe-
maines; & de plus on lui accorde la moitié des pro-

duits

duits & bénéfices „ qu'il acquerra pendant ledit tems,
„ tant par eſtampes que livres, chanſons & autres
„ généralement quelconques.„ L'Acte contient
encore l'obligation de la part de Ramponeau de ſe
trouver aux heures marquées ; il eſt fait double,
avec un dédit de 1000 liv. & l'on convient, qu'il
ſera paſſé devant Notaires à la premiére requiſition.

Quoique ce Traité ne contint une obligation de
payer 200 livres que huit jours après le début, Ramponeau, qui malgré ſa célébrité éprouve quelquefois des beſoins, ſouhaita de toucher d'avance le
billet à ordre de cette ſomme, vraiſemblablement
pour ſe mettre en équipage : on le lui accorda le
lendemain, & il ratifia ainſi avec une vraie ſatisfaction ſon engagement.

Afin de le remplir avec plus de ſuccès, il em-
ploya une partie des trois ſemaines, qui lui reſtaient,
depuis le 24 Mars juſqu'au 14 Avril, pour ſe fami-
liariſer avec les regards du Public. Ce n'était pas
qu'il en fût grandement effrayé. Il avait cette honnête aſſurance, que donne l'uſage du grand monde
& du monde vû fréquemment.

Le lieu, qu'il choiſit pour ſes eſſais, fut un lieu, où
les talens les plus décidés ne ſe préſentent qu'en
tremblant. Il alla avec un Sieur Hayet, homme de
Spectacle, ſe faire voir à Verſailles ; mais on aſſu-
re, qu'il n'y réuſſit pas. Il ne trouva dans ce ſéjour
que de faux amis, & des partiſans froids & glacés ;
& beaucoup de gens, qui lui avaient témoigné à la
Cour-

Courtille une confidération diftinguée, ne parurent pas même le reconnaître à la Cour.

Dépité contre le féjour de la grandeur, Ramponeau revint promptement vers fes ardens admirateurs, les faciles Parifiens. Déja tout était prêt pour fon triomphe : le Sieur Gaudon avait payé deux Habits à un Poëte, qu'il fait travailler, avait fait préparer fa falle, avec plus de magnificence, avait arrêté des Acteurs nouveaux ; les chanfons étaient compofées, une Piéce en régle était faite, les rôles diftribués & appris, les affiches imprimées, quand un événement imprévu a répandu la confternation fur le Boulevard, & a détruit l'efpérance de l'allegreffe publique : Ramponeau a refufé de monter fur le Théâtre.

Tout Paris s'eft partagé fur la caufe de ce refus éclatant.

Les uns jettant les yeux fur l'enfance de Ramponeau, & fur le peu de fecours, qu'on a donné à fes talens naturels, ont penfé, qu'un fentiment fecret de fon incapacité l'avait empêché de fe commettre fur un Théâtre, aux regards du Public, fi inconftant dans fa faveur.

D'autres, politiques profonds, ont imaginé, que Ramponeau ébloüi par la fortune rapide, que lui promettait un débit immenfe, a lû dans l'avenir les hautes deftinées de fa poftérité, & qu'il a craint d'apporter, en montant fur le Théâtre, quelque obftacle

cle à fes grands établiffemens, par la force du préjugé gothique, qui nous fubjugue encore.

Beaucoup d'honnêtes gens ont cru, que c'était de
fa part, affaire de fcrupule. Ils ont fait attention,
que fa renonciation au Théâtre eft faite devant un
Notaire apoftolique, qu'elle porte date du Samedi
veille de Quafimodo ; & en lifant les termes, dans
lefquels elle eft conçue, ils fe font applaudis de fa
défertion comme d'une conquête éclatante. Voici
les termes de l'Acte, qui femble favorifer cette idée.

„ Aujourd'hui eft comparu. . . . . Sieur Rampo-
„ neau, Cabaretier, demeurant à la Baffe-Courtil-
„ le . . . . lequel a volontairement déclaré, que les
„ *réflexions mûres*, qu'il a faites fur les dangers &
„ les obftacles, qu'apporte au falut la profeffion des
„ perfonnes, qui montent fur le Théâtre, & fur la
„ juftice des cenfures, que l'Eglife a prononcées con-
„ tre *ces fortes de gens*, l'ont déterminé à renoncer,
„ comme par ces préfentes, par principe de con-
„ fcience & *pour d'autant travailler de fa part à*
„ *conferver la pureté des mœurs*, qui convient à un
„ Chrétien & dans laquelle il prie Dieu de le main-
„ tenir, *il renonce* à monter & promet à Dieu de
„ ne jamais monter fur aucun Théâtre, ni faire au-
„ cune fonction, profeffion ni acte, qui tienne à l'état
„ de ceux, qui montent fur les Théâtres, quels qu'ils
„ foient.

„ Pourquoi il protefte, par les préfentes, contre
„ toutes foumiffions & engagemens, qu'il pourrait
„ avoir

„ avoir faits ou pourrait faire avec qui que ce foit,
„ notamment avec le Sieur Gourlier dit Gaudon,
„ Entrepreneur de Spectacles fur les Boulevards de
„ cette Ville, pour paraître & jouer, foit dans les
„ Spectacles dudit Sieur Gaudon, foit dans tous au-
„ tres, ou faire par lui-même, ou fouffrir, qu'il foit
„ fait par fon miniftère, fous fon nom & à fon occa-
„ fion, quelques actions, chanfons, livres & eftam-
„ pes, le tout tendant à l'exercice desdites profef-
„ fions de ceux, qui montent fur les Théâtres, & au-
„ tres femblables, & à lui donner la publicité indé-
„ cente, *qui ne convient qu'aux gens de cette forte;*
„ Comme lefdites conventions & engagemens, quels
„ qu'ils foient & quelques conventions qu'ils con-
„ tiennent n'ayant été & ne pouvant être qu'extor-
„ qués de lui dans des tems, où il n'avait ou n'aurait
„ pas eu l'entier ufage de fa raifon, ni la faculté de
„ faire réflexion fur la conféquence de l'exécution
„ desdites foumiffions ou engagemens pour la ré-
„ gularité de fes mœurs & fon falut, & que confé-
„ quemment lefdites foumiffions ou engagemens,
„ quels qu'ils foient ou quoi qu'ils contiennent, ne
„ lui pourront nuire ni préjudicier, &c.

Mais nonobftant le beau dehors de cet Acte &
les expreffions pieufes, qu'on y a prodiguées, tous
les gens bien inftruits fçavent, que cette retraite a
été pure affaire d'intérêt, que Ramponeau a voulu
couvrir du voile de la Religion; & voici à cet égard
ce que portent nos Mémoires.

Lorfque

Lorſque Ramponeau a penſé ſérieuſement à ſe li-
vrer au Théâtre, il a, comme tout le monde ſçait,
vendu ſon fonds moyennant 1500 liv. de rente au
Sieur Martin, qui depuis pour faciliter la rime à
leurs Poëtes, ſe fait appeller le Sieur Martineau.
Une des conditions ſecretes du traité a été, que Ramponeau protégerait cet établiſſement par quelques
regards favorables, & de tems en tems par ſa préſence.

Martineau, qui fondait ſes principales eſpérances
ſur le nom célèbre de ſon vendeur, a vu, qu'il allait
les perdre, ſi Ramponeau ſe livrant au Public ſur le
Boulevard, ôtait par-là, ou réduiſait preſqu'à rien,
le grand motif d'aller à la Courtille. Il lui a fait
là-deſſus les repréſentations les plus preſſantes & les
plus tendres, lui a montré cet édifice élevé par lui
& par la Renommée prêt à tomber; & pour mieux
le convaincre, il l'a menacé de ſon inſolvabilité, ſi
la diminution du débit occaſionnée par la déſertion
de Ramponeau, ôtait le ſeul moyen de lui payer les
arrérages d'une rente, que rien n'aſſurait. Ramponeau a ſenti toute la force de ces repréſentations;
il s'eſt trouvé partagé entre la gloire, qui l'appellait
au Théâtre, & l'intérêt, qui le rappellait à ſon Cabaret. L'intérêt l'a emporté, il eſt retourné au Cabaret, où lui & la Dame ſon épouſe ont un *appar-
tement complet* ; il ſe proméne dans les ſalles &
dans les cours, répond avec politeſſe aux Seigneurs
Etrangers, qui veulent remporter la ſatisfaction de
l'avoir

l'avoir vu, s'entretient familiérement avec les nô-
tres, lie la converfation avec les écots diſtingués,
fourit aux uns, ſerre la main aux autres, & accorde
à tous ſes regards & ſa vüe. Par ce retour à la
Courtille, la Scène perd un ſujet de la plus haute
eſpérance, & le Public un amuſement digne de lui.

En payant le dédit de 1000 liv. & les dommages & intérêts réſultans de ſa retraite à la veille de
l'ouverture du Théâtre, Ramponeau eût fait une retraite décente, honnête, qu'on eût pû même regarder comme dictée par *le deſir de conſerver la pureté
des mœurs & par ſes réflexions mûres ſur les dangers
& les obſtacles, qu'apporte au ſalut la profeſſion du
Théâtre.* Par-là il eût été tout enſemble pieux &
équitable, & l'eſtime publique l'aurait ſuivi dans ſa
vie privée.

Mais il a cru pouvoir s'exempter de rien payer,
en faiſant de cette affaire une affaire de Religion,
comme ſi la Religion pouvait diſpenſer de ſatisfaire
aux loix de l'équité.

Il a donc fait ſignifier le 12. Avril l'acte de renonciation au Théâtre, avec offre de rendre le billet à ordre de 200 liv. qu'il a reçu. Pour donner
même plus de faveur à ſa prétention, il a pris le 23
April des lettres de reſciſion contre ſon engagement
du vingt-quatre Mars dernier.

Il ſoutient, que cet engagement eſt contraire aux
bonnes mœurs, que tout engagement contraire aux
bonnes

Lorfque Ramponeau a penfé férieufement à fe li-vrer au Théâtre, il a, comme tout le monde fçait, vendu fon fonds moyennant 1500 liv. de rente au Sieur Martin, qui depuis pour faciliter la rime à leurs Poëtes, fe fait appeller le Sieur Martineau. Une des conditions fecretes du traité a été, que Ramponeau protégerait cet établiffement par quelques regards favorables, & de tems en tems par fa pré-fence.

Martineau, qui fondait fes principales efpérances fur le nom célèbre de fon vendeur, a vu, qu'il allait les perdre, fi Ramponeau fe livrant au Public fur le Boulevard, ôtait par-là, ou réduifait prefqu'à rien, le grand motif d'aller à la Courtille. Il lui a fait là-deffus les repréfentations les plus preffantes & les plus tendres, lui a montré cet édifice élevé par lui & par la Renommée prêt à tomber; & pour mieux le convaincre, il l'a menacé de fon infolvabilité, fi la diminution du débit occafionnée par la défertion de Ramponeau, ôtait le feul moyen de lui payer les arrérages d'une rente, que rien n'affurait. Rampo-neau a fenti toute la force de ces repréfentations; il s'eft trouvé partagé entre la gloire, qui l'appellait au Théâtre, & l'intérêt, qui le rappellait à fon Ca-baret. L'intérêt l'a emporté, il eft retourné au Ca-baret, où lui & la Dame fon époufe ont un *appar-tement complet* ; il fe proméne dans les falles & dans les cours, répond avec politeffe aux Seigneurs Etrangers, qui veulent remporter la fatisfaction de

l'avoir

bonnes mœurs eſt nul de plein droit, & ne donne lieu à aucune peine en cas d'inexécution ; qu'ainſi ſi on l'a loué, gravé, chanſonné, affiché, tous ces préparatifs doivent être en pure perte pour le Sieur Gaudon, & qu'il eſt de l'intérêt de la Religion, qu'il puiſſe retourner dans ſon Cabaret, *pour y mieux conſerver la pureté des mœurs, & prévenir, par ſes réflexions mûres, les dangers & les obſtacles, qui s'oppoſeroient à ſon ſalut.*

Nous ſoutenons au contraire, que dès qu'un établiſſement eſt autoriſé, ſoit par des Lettres Patentes, ſoit par des Arrêts des Cours, ſoit par l'établiſſement d'une Garde, ou autres témoignagnes extérieurs d'approbation de la part de la Puiſſance publique, il eſt injurieux pour elle de dire, qu'un tel établiſſement ſoit contraire aux bonnes mœurs; qu'ainſi l'indemnité réſultante de l'inexécution des conventions faites avec les chefs de cet établiſſement doit être prononcée; qu'à la vérité, ſi des ames timorées croyent pouvoir faire plus ſûrement *leur ſalut & mieux conſerver la pureté des mœurs* au Cabaret qu'au Théâtre, elles peuvent ſuivre le mouvement de piété, qui les anime ; mais que l'intérêt du ciel, qu'on allégue, n'autoriſe point à être injuſte, & que dès-là qu'un engagement n'a eu pour objet que de concourir à des fonctions autoriſées par l'Etat, on doit payer les peines de ſon inexécution. Tels ſont les moyens du Sieur Gaudon. Perdons un moment

de

faient la pudeur, ou contre des Gladiateurs, qui ré-
voltaient l'humanité par leur barbarie, & renfermer
les uns & les autres fous une condamnation géné-
rale, c'eſt évidemment faire une application injuſte
d'une régle peut-être alors néceſſaire, & ſe livrer à
une équivoque viſible ſur ce que l'on doit entendre
par *oppoſé aux bonnes mœurs.*

Une choſe eſt contraire aux bonnes mœurs, lorsqu'elle bleſſe ce ſentiment intérieur du juſte & de
l'honnête gravé au-dedans de nous-mêmes, guide
ſûr, qui ne nous tromperait jamais, ſi les préjugés
ou les paſſions nous permettaient toujours de le ſuivre. Elle eſt contraire aux bonnes mœurs, lorsqu'elle eſt également proſcrite dans tous les tems,
dans tous les lieux, lorsqu'elle eſt univerſellement
condamnée par le cri général de toutes les nations
policées ; uniformité heureuſe, qui nous apprend,
qu'il eſt encore des moyens d'établir entre le bien
& le mal des limites immuables. Telle ferait, pour
puiſer un exemple dans les loix, la convention de
commettre un aſſaſſinat. Une telle convention eſt
nulle de plein droit ; & ſon inexécution, loin de donner lieu à quelques peines pécuniaires, eſt honnête
& juſte ; on ne pourrait l'accomplir, ſans commettre un crime digne du dernier ſupplice.

Mais une choſe n'eſt point contraire aux bonnes
mœurs, parce qu'elle bleſſe ou un préjugé local, ou

un Rit ou Réglement *a*) eccléfiaftique, quelque juftes qu'en foient les motifs; & fi l'on admettait une fois ce principe, il n'y aurait plus rien de certain dans nos notions, rien de fixe dans la régle des mœurs, rien même de foumis à l'ordre public, puifqu'une fimple Ordonnance d'un Supérieur Eccléfiaftique (ce que toutefois nous n'avons garde, d'infinuer ou de prévoir) pourrait changer en actes criminels les actes les plus indifférens, ou même des actes commandés.

Ainfi l'ufage de certains alimens peut bleffer un point de difcipline eccléfiaftique, mais n'a rien de contraire aux bonnes mœurs, puifque nous voyons l'Eglife *b*) & l'autorité Royale les permettre dans un Royaume voifin moyennant une certaine redevance & pour de juftes caufes, & puifqu'en certains jours ils font permis dans quelques-uns de nos Diocèfes, & défendus dans d'autres.

Ainfi la ftipulation des intérêts des deniers prêtés, eft, fi l'on peut s'exprimer de la forte, un péché local en quelques endroits du Royaume, mais ne bleffe point les bonnes mœurs, „puifqu'il y a *c*)

B 2 „des

---

a) Cette diftinction & les exemples, qui l'appuyent, font préfentés pour raifonner en Jurisconfulte, & fans qu'on puiffe, ni qu'on doive en inférer rien de contraire au refpect profond dû à l'autorité fpirituelle.

b) La Bulle de la Croifade permet, en Efpagne, de manger le famedi, moyennant une petite redevance, les extrémités des animaux.

c) Argou, liv. 4. ch. 18.

„ des Parlemens, comme Grenoble, Aix & Pau
„ où il eſt permis de ſtipuler les intérêts des deniers
„ prêtés, ainſi qu'en Breſſe & en Bugey, & qu'ils
„ y courent du jour de la ſtipulation. „

Ainſi les Spectacles peuvent bleſſer un Réglement
eccléſiaſtique, s'il eſt vrai, qu'il en exiſte quelqu'un
contre eux ; mais on ne peut les appeller contrai-
res aux bonnes mœurs, car ils ſont autoriſés parmi
nous par des Lettres Patentes, par des Arrêts *d)*
& par l'inſpection habituelle de la police publique.
Dans la ville, qui eſt le centre de la religion, on les
voit établis avec l'approbation d'un Souverain, qui
eſt le plus reſpectable Juge de la régle des mœurs,
& qui pourrait les détruire, puiſqu'il réunit dans
ſes mains l'un & l'autre pouvoir. On voit une République ſage, ſe faire une branche de revenu aſſez
importante *e)* de ce qui, peut être, fait ailleurs un
objet de défenſes. On voit parmi nous les ſujets
d'un Théâtre moins épuré que notre Théâtre natio-
nal, admis à participer à tous nos actes religieux.
On a vu ſous Louis XIII. nos Prélats, toujours ré-
guliers & décens, ne ſe faire aucune peine d'ac-
compagner au Spectacle un grand Miniſtre revétu
de la pourpre Romaine, & non moins rival de Corneille

d) Lettres Patentes du 4
Décembre 1402, de Jan-
vier 1518, de Mars 1559.
Déclaration du 16 Avril
1641, regiſtrée le 24 Avril
1641. Arrêts des 19 No-
vembre 1548, 10 Décem-
bre 1588, 22 Mai 1633,
10 Septembre 1668.
e) Le Carnaval de Veniſe·

neille que de la maifon d'Autriche, & s'y placer par honneur fur un banc, _f_), qui leur était deftiné. On voit tous les jours l'Eglife recevoir pour les befoins de fes membres fouffrans le quart du produit de ces délaffemens, qu'on prétend qu'elle condamne. Enfin on a vu depuis peu toute la nation courir en foule au Spectacle, y porter fa bienveillance & fes fecours au petit neveu du père du Théâtre, qu'accablait, à notre honte, une trifte indigence.

Il eft affligeant, fans doute, pour un Chrétien & pour un homme, qui aime fes femblables, de rencontrer quelquefois de ces contradictions entre deux pouvoirs, qui ont des droits à notre obéiffance. Les faibles en concluraient mal, qu'ils peuvent fe permettre d'affifter aux Spectacles, lorfqu'un mouvement intérieur s'y oppofe, ou qu'un guide éclairé le leur défend; & ces exemples mêmes ne doivent nullement les y porter, parce qu'ils tiennent (foit pour les Spectacles, foit pour les autres objets) à des circonftances & à des motifs, dont aucun Particulier ne doit fe rendre juge, & que la régle la plus fûre eft de déférer fans réferve à ceux, qui font chargés de nous conduire.

Mais puifqu'il ne dépend pas de nous de détruire ces contradictions, & de rétablir cette harmonie, qui anime l'obéiffance, puifque nous ne pouvons

B 3   faire

_f_) Siècle de Louis XIV. tom. 2, p. 7, édit. de 1753.

faire à cet égard que des vœux, il faut, autant qu'il
eſt en nous, obéir avec droiture & ſimplicité à ces
deux pouvoirs, & à chacun d'eux dans l'ordre des
choſes ſoumiſes à ſa diſpoſition.

Ainſi la Religion n'approuve point, ou même, ſi
l'on veut, condamne les Spectacles. Dans cette
vue il eſt louable de s'en abſtenir. Mais la puiſſance publique les permet, elle autoriſe les conventions, qui ſont faites pour leur ſervice, ou leur entre-
tien ; une convention licite & autoriſée emporte
avec elle une peine pécuniaire, un juſte dédomma-
gement contre celui, qui refuſe de l'exécuter. Il
faut donc prononcer cette peine en Juſtice, puiſque
les Tribunaux doivent prononcer ſuivant les régles
de l'ordre public, ſuivant les Loix établies par la
puiſſance publique, & non ſuivant les conſeils, que
nous recevons dans le for intérieur. Par là & la
Religion & l'Autorité publique conſervent ou leurs
droits ou leur poſſeſſion reſpective. Le Chrétien
s'abſtient de ſervir au Spectacle, quoiqu'il s'y fût
engagé, & en cela il ſuit les mouvemens de ſa conſcience ; mais ce Chrétien, Citoyen en même tems
& ſoumis à des Loix civiles, doit payer le tort réel
réſultant de l'inexécution d'un traité licite aux yeux
de la Loi, & en cela il ſuivra la régle de l'équité.

Tout le vice de la défenſe de Ramponeau vient
donc, comme il eſt aiſé de le voir, de ce que l'on
confond, par une équivoque aiſée à démêler, ce qui
eſt vraiment contraire aux bonnes mœurs avec ce

qui

qui n'eſt contraire qu'à une inſtitution locale, (qui peut-être même n'exiſte pas) & à quelques réglemens étrangers à l'Autorité publique, qui peut ſeule établir des nullités & des vices dans nos conventions.

En un mot, la régle des mœurs doit être fondée ſur la raiſon & ſur l'honnêteté naturelle, fixe, invariable, uniforme, indépendante des opinions, des tems & des lieux, & de tout ce qui n'eſt qu'accidentel. Tout ce qui ne bleſſe point une telle régle, peut être la matiére d'une convention licite aux yeux des Tribunaux Séculiers ; toute convention licite aux yeux des Tribunaux ſéculiers doit être exécutée, ou la peine de ſon inexécution doit être prononcée en faveur de celui, qui en reçoit du dommage. Or telle eſt la convention faite entre le Sieur Gaudon & Ramponeau, ſon éléve & ſon gagiſte.

Et pour eſſayer de convaincre Ramponeau lui-même par un raiſonnement plus à ſa portée, ſi quelqu'un allant dans ſon Cabaret lui commandait, le Vendredi, un grand Repas en gras, & ſi après que Ramponeau aurait égorgé toute ſa baſſe-cour, & mis ſur table tout ce qu'il aurait pu ramaſſer à la Courtille, cet homme venait lui dire : „ Les réfle„ xions mûres, que j'ai faites ſur les dangers & les „ obſtacles, qu'apporte au ſalut un Repas gras fait le „ Vendredi.... m'ont *déterminé à renoncer au vôtre;* „ comme dès-à-préſent, par principe de conſcience

B 4 „ & pour

„ & pour d'autant travailler de ma part à confer-
„ ver la pureté de la difcipline, qui convient à un
„ Chrétien ..... *j'y renonce*.„ Que dirait Ramponeau à cette converfion imprévue ? Serait - il
d'humeur à perdre toute fa dépenfe, parce qu'il
plairait à celui, qui l'aurait ordonnée, *d'y renoncer ?*
Il lui dirait fans doute, s'il veut être de bonne foi:
„ Je ne vous empêche point de fuivre les mouve-
„ mens de votre confcience & de travailler à votre
„ falut; mais votre confcience doit vous obliger
„ à être jufte, & la juftice veut, que vous me payiez
„ une dépenfe, que je n'ai faite, que pour vous, à
„ caufe de vous, & fur la foi d'un engagement pris
„ avec vous.„ Subftituons à un repas défendu par
un Réglement eccléfiaftique un délaffement, qu'on
prétend défendu par une Loi femblable, & nous
aurons Ramponeau condamné par fa propre bouche.

Lui fied-il bien de faire ici le Cenfeur de la
république, le Juge *des obftacles, qui s'oppofent au
falut*, le Vengeur *de la pureté des mœurs*, quand
il eft évident, que c'eft pour fe fouftraire à une jufte
condamnation, qu'il a pris une tournure, qui offen-
fe la Religion même, qu'on ne doit jamais employer
à défendre une injuftice ? Quand on le voit fe pro-
menant dans les cours & dans les falles du Cabaret, boiré avec les petits, faire fa cour aux grands,
tourner la tête au bruit des applaudiffemens, les
exciter même par une fimplicité apprêtée, & fe
                                            livrer

livrer aux fauſſes joies & aux vanités du ſiècle avec autant d'empreſſement qu'auparavant ? *

Et cependant ſi le Sieur Gaudon n'obtient pas les 1000 liv. de dédit, & les dommages & intérêts, qui lui ſont dûs, c'en eſt fait d'une Troupe choiſie, pour laquelle il vient de redoubler ſes dépenſes. Ramponeau eſt venu de lui-même s'offrir à lui; l'acte a été fait double en préſence de pluſieurs témoins; on eſt convenu de le paſſer devant Notaires à la première requiſition; il l'a doublement ratifié, ſoit en recevant le lendemain un à compte de 200 livres, ſoit en allant s'exercer à Verſailles. En conféquence d'un engagement ſi libre, ſi ſolemnel, ſi réfléchi, le Sieur Gaudon a préparé ſon Spectacle avec la plus grande magnificence. Il a fait graver Ramponeau; il a fait faire des Vers, & même une Piece entière à ſa louange; compoſition encore plus chère que l'Ode du Poëte Simonide pour deux Lutteurs couronnés aux Jeux Olympiques, parce que Ramponeau, malgré *ſes réflexions mûres & ſon zèle pour conſerver la pureté des mœurs*, prête beaucoup moins aux éloges; il a arrêté de nouveaux Acteurs, il a changé ſes Décorations, il a fait faire beaucoup d'habits de goût, & tout cela pour offrir l'inflexible Ramponeau aux empreſſe-

B 5   mens

* Ramponeau & Paliſſot ſont les plus grands deffenſeurs de la Religion.

mens du Public, qui, par les avances, qu'il lui a faites, avait acquis tant de droits à fa reconnaiſſance.

Qu'il fe livre donc à la retraite, qu'il rentre dans l'obſcurité, puiſqu'un délaſſement public & autoriſé par nos loix lui parait un crime, rien n'eſt plus juſte, que de rendre le calme à cette conſcience allarmée; mais s'il eſt vrai, que la néceſſité de réparer les torts, qu'on a faits, eſt une des premiéres conditions d'une véritable pénitence, que Ramponeau en payant les condamnations réſultantes de l'inexécution de ſon traité, prouve à tout le monde la fincérité de fa converſion, & tende à une gloire plus durable & mieux fondée que celle, que lui ont donnée juſqu'à préſent, aux yeux des hommes, de vains & peu durables applaudiſſemens. *Signé* GAUDON.

Mᵉ. ELIE DE BEAUMONT, Avocat.

DARGILIERES, Procureur.

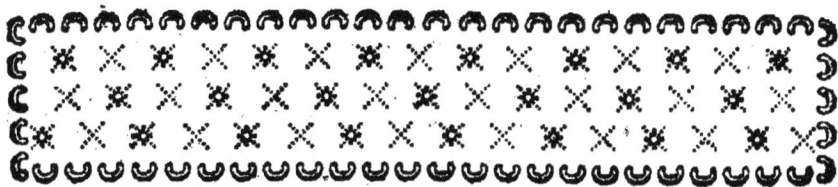

PLAIDOYER
DE RAMPONEAU,

Prononcé par lui-même devant
ses Juges.

MESSIEURS,

Maître Beaumont dans ce siècle de per-
versité, pense-t-il, que les graces de
son stile séduiront ses Juges? que ses
plaisanteries les égayeront, que les tours insidieux
de son éloquence les séduiront?

Remarquez d'abord, Messieurs, avec quelle
adresse Maître Beaumont supprime mon nom de
batême! Il m'appelle Ramponeau tout court, voulant vous insinuer par cette réticence, que je ne suis
pas batizé, & qu'ainsi n'ayant pas renoncé aux
pompes du Démon, je puis me montrer sur le
théâtre, sans avoir rien à risquer; que je suis un enfant de perdition, qu'on peut abandonner aux

plaisirs

plaisirs de la multitude, sans craindre de perdre une ame déja perdüe. Je suis batizé, Messieurs: & mon nom est GENEST DE RAMPONEAU cabaretier de la Courtille.

Vous avez tremblé, ô Gaudon ma partie! & vous son éloquent protecteur, vous tremblez à ce nom de *St. Genest*, qui ayant parû sur le théâtre de Rome, comme vous voulez me produire sur celui du *boulevard* ou *bouleverd* *, fut miraculeusement converti en jouant la Comédie; il convertit même une partie de la cour de l'Empereur, si on m'a dit vrai; il reçut la couronne du martire, si je ne me trompe. Vous me préparez, Maître Beaumont, un martire bien plus cruel; vous me criez d'une voix triomphante, Montrez vous, Ramponeau, ou payez.

Je ne payerai point, Messieurs, & je ne me montrerai point sur le théâtre; j'ai fait un marché, il est vrai; mais, comme dit le fameux Grec, dont j'ai entendu parler à la Courtille, si ce que j'ai promis est injuste, je n'ai rien promis.

Maître Beaumont prétend, que si Jean Jaques Rousseau citoyen de Genève a paru, marchant à quatre pattes sur le théâtre des fossés de St. Germain,

(ce

---

* On devrait dire *boulevert*, parce qu'autrefois le rempart était couvert de gazon, sur lequel on jouait à la boule; on appellait le gazon *le vert*, de là le mot *boulevert*; terme, que les Anglais ont rendu exactement par *bowling-green*: les Parisiens croyent bien prononcer en disant *boulevard*: le pauvre peuple!

(ce qui eſt conforme à toutes les loix) Geneſt de
Ramponeau, citoyen de la Courtille ne doit point
rougir de ſe faire voir ſur ſes deux pieds. Mais la
cour verra aiſément le faux de ce ſophiſme; Jean
Jaques eſt un hérétique, & je ſuis catholique; Jean
Jaques n'a comparu, que par procureur, & on veut
me faire comparaître en perſonne. Jean Jaques a
été faiſeur de comédies, & moi je ſuis un honnête
cabaretier. On ſçait ce qu'on doit à la dignité des
profeſſions. Néron voulut avilir les Chevaliers
juſqu'à les forcer à jouer ſur le théâtre; mais jamais
il n'oſa y contraindre les Cabaretiers.

Si la Cour avait pû lire un petit livré, que Jean
Jaques Rouſſeau (indigné de ſa gloire & honteux
d'avoir travaillé pour les ſpectacles) à lâché contre
les ſpectacles mêmes, elle verrait, que ce Jean Jaques préfère hautement les marchands de vin aux
hiſtrions; il ne veut pas, que dans ſa patrie il y ait
de Comédie, mais il y veut des cabarets; il re-
grette ce beau jour, où il vit dans ſon enfance tous
les Genevois yvres: il ſouhaite, que les filles dan-
ſent toutes nües au cabaret.

Nous eſpérons, que les mœurs ſe perfectionne-
ront bientôt, juſqu'à parvenir à ce dernier degré
de la politeſſe, & alors Maître Beaumont lui-même
ſera très-aſſidu chez moi à la Courtille; il ne ſonge-
ra plus à me produire ſur le rempart, il ſentira ce
qu'on doit à un cabaretier.

Feu

Feu Mr. le Cardinal de Fleury difait, que les Fermiers Généraux étaient les colomnes de l'Etat; fi cela eft, nous fommes la baze de ces colomnes; car fans nous, plus de produit dans les Aides, & fans Aides, comment l'Etat pourrait-il aider fes alliés, & s'aider foi-même contre fes ennemis? Mr. Silhouette, qui a tenu le tonneau des finances, moins de temps que je n'ai tenu ceux de mes vins de Brie, a voulu faire quelques peines au corps des Fermiers, mais il a refpecté le nôtre.

Si nous fommes néceffaires à la puiffance temporelle, nous le fommes encor plus à la fpirituelle, qui eft fi au deffus de l'autre: c'eft chez nous que le peuple célèbre les fêtes ; c'eft pour nous qu'on abandonne fouvent trois jours de fuite dans les campagnes les travaux néceffaires, mais prophanes de la charüe, pour venir chez nous fanctifier les jours de falut & de mifericorde. C'eft là qu'on perd heureufement cette raifon frivole, orgueilleufe, inquiéte, curieufe, fi contraire à la fimplicité du Chrétien, comme Mre. Beaumont lui-même eft forcé d'en convenir; c'eft là qu'en ruinant fa fanté on fournit aux médecins de nouvelles découvertes ; c'eft là que tant de filles, qui peut-être auraient langui dans la ftérilité, acquiérent une fécondité heureufe, laquelle produit tant d'enfans bien élevés, utiles à l'Eglife, & au royaume, & qu'on voit peupler lés grands chemins pour remplir le vuide de nos villes dépeuplées.

Que

Que dira Maître Beaumont, fi je lui montre les
faints rituels, où font excommuniés les Rois & les
Princes, les Sophocles & les Corneilles? Un cabaretier au contraire eſt eſſentiellement de la commu-
nion des fidèles, puiſque c'eſt chez lui que les fidèles mangent & boivent.

Les Fermiers Généraux eux-mêmes, quoiqu'ils
fuſſent tous Chevaliers dans la République Romaine,
quoiqu'ils foient colomnes chez nous, font maudits
dans l'Ecriture. *S'il n'écoute pas l'Egliſe, qu'il ſoit
regardé comme un payen, ou comme un Fermier Général. Sicut Ethnicus & publicanus.* L'Apôtre ne
dit point, qu'il ſoit regardé comme un cabaretier de
la Courtille, il s'en donne bien de garde: au contraire, c'eſt par un cabaret, & même par une cabaretière, que les premiers triomphes du faint peuple Juif commencèrent. La belle Raab, vous le
ſçavez, Meſſieurs, tenait un cabaret à Jérico, dans
le vaſte pays de Cethim; elle était *Zonah*, du mot
hebreu *Zun*, qui ſignifie cabaret, & rien de plus,
(ainſi que je l'ai apris de Maître Tamponet, Do-
êteur en Sorbonne, qui vient ſouvent chez moi.)
Elle reçut les eſpions du faint peuple; elle trahit
pour lui ſa patrie; elle fut l'heureuſe cauſe, que les
murailles de Jérico étant tombées *au bruit de la
trompette & des voix des Juifs, la nation chérie tua
les hommes, les femmes, les filles, les enfans, les bœufs,
les brebis & les ânes.*

Quel-

Quelques interprètes foutiennent, que Raab était non-feulement cabaretière, mais fille de joye ; à Dieu ne plaife, que je contredife ces grands hommes ! mais fi elle avait été une fimple fille de joye, une fille de rempart, Salmon, Prince de Juda, aurait-il daigné l'époufer ? Je laiffe le refte à vos fublimes refléxions.

Vous voyez, Juges auguftes du boulevard & de la Courtille, quelle prééminence eut de tous les temps le cabaret fur le théâtre. Vous frémiffez de l'indigne propofition de Maître Beaumont, qui prétend me faire quitter la Courtille pour le rempart. J'ofe plaider ma caufe moi-même, parce que là, où la raifon eft évidente, l'éloquence eft inutile. Si elle fuccombait, (cette raifon quelquefois mal accueillie chez les hommes,) je mettrais alors ma caufe entre les mains de Maître Gauchat ou de Maître Hayer ou de Maître Caveirac ou de Maître Abraham Chaumeix, ou de tel autre grand homme, & enfin j'en appellerais au futur Concile.

Je vois d'ici Maître Beaumont fourire, je l'entends répéter ces mots d'Horace, ce poël du pont neuf, que j'ai ouï fouvent citer, *perfidus hic caupo : cauponibus atque malignis ; ce fripon de cabaretier ; ces cabaretiers malins.* Il aura recours même à l'Encyclopédie, ouvrage du fiécle, que j'ai entendu nommer de Trajan ; car à quoi n'a-t-on

point

point recours dans une mauvaise cause ? L'Encyclopédie, à l'article *Cabaret*, prétend, que les loix
de la police ne sont pas toûjours rigoureusement
observées dans nos maisons.

Je demande justice à la Cour de cette calomnie ; je me joins à Maître Palissot, Maître Le Franc
de Pompignan, & Maître Fréron, contre ce livre
abominable. Je sçavais déja par leurs émissaires
mes camarades & mes pratiques, combien ce livre
& leurs semblables sont pernicieux : une foule
de citoyens de tout ordre & de tout âge les lit,
au lieu d'aller au cabaret. Les auteurs & les lecteurs ménent dans leur cabinet une vie retirée,
qui est la source de tant d'attroupements scanda-
leux. On étudie la géométrie, la morale, la mé-
taphisique, l'histoire ; de là ces billets de confes-
sion, qui ont troublé la France, ces convulsions,
qui l'ont également déshonorée, ces cris contre des
contributions nécessaires au soutien de la patrie,
tandis que les comédiens reçoivent plus d'argent
par jour aux représentations de la piéce charitable
contre les philosophes, que le Souverain n'en reçoit pour le maintien du Royaume. Ces détesta-
bles livres enseignent visiblement à couper la bour-
se & la gorge sur le grand chemin, ce qui certes
n'arrive pas à la Courtille, où nous abreuvons les
gorges & vuidons les bourses loyalement.

Je conclus donc, à ce qu'il plaife à la Cour me faire donner beaucoup d'argent par Gaudon, qui a la mauvaife foi de m'en demander en vertu de fon marché ; Plus, faire bruler le factum de Maître Beaumont, comme attentatoire aux loix du Royaume & à la Religion ; Item, faire bruler pareillement tous les livres nouveaux, qui pourront, foit directement, foit indirectement, empêcher les citoyens d'aller à la Courtille, & leur procurer le plaifir honteux de la lecture.

LETTRES

ET

REPONSES

DE

M^R. PALISSOT

ET DE

M^R. DE VOLTAIRE,

AVEC

Quelques Notes sur la dernière Lettre
de Mr. Palissot, &c.

AVIS
DE L'EDITEUR.

On a publié contre l'*Auteur* des Philosophes, un assez grand nombre de *Libelles*, qui ont fait trop peu d'impression sur lui, pour en faire aucune sur le Public.

On a cru se venger de son indifférence, en le frappant par un endroit plus sensible. On connaît son attachement, son admiration, son respect pour M. de *Voltaire*. On imagina de faire courir de prétendues *Lettres* de ce grand homme, dans lesquelles la *Comédie* des Philosophes, & l'*Auteur* de cette *Piéce* étaient également maltraités.

On sçut enfin, que M. de *Voltaire* avait réellement écrit à M. *Palissot*. On eût désiré, que ces *Lettres* fussent des injures. A force de le désirer, on alla jusqu'à le publier. Le silence de l'*Auteur* des *Philosophes* passait déja pour une preuve de sa confusion aux yeux de bien des gens.

C'est

C'eſt à la fois pour venger M. de Voltaire, & lui, que nous imprimons ces Lettres, qui font honneur à tous deux. M. de Voltaire n'abandonne pas ceux, qu'il croit ſes amis, mais il les défend avec la modération d'un homme ſupérieur à toutes ces diſputes, & fait pour inſtruire tous les partis.

M. Paliſſot défend ſon ouvrage avec tous les égards, tout le reſpect, que l'on doit à M. de Voltaire. Il ſemble, que c'eſt ainſi que les diſputes littéraires pourraient tourner à l'avantage des Lettres, au lieu de les dégrader & de les avilir.

LETTRES

DE

M. DE VOLTAIRE,
A M. PALISSOT,

AVEC LES REPONSES.

EXTRAIT

De la premiére Lettre de Mr. Paliſſot à Mr. de Voltaire, à l'occaſion de la Comédie des Philoſophes.

Paris 28 May 1760.

J'ai l'honneur de vous envoyer, Monſieur, une Piéce, qui par ſa nature était très-ſuſceptible de bruit. Autant je ſuis pénétré d'admiration pour les vrais Philoſophes, qui, comme vous, Monſieur, ont rendu la vertu reſpectable dans leurs écrits, autant je ſuis éloigné de ce ſentiment pour ces Ecrivains témé-

C 4

N. B. On ne donne ici cette Lettre que par Extrait, parce que M. Paliſſot n'en a pas gardé de copie.

téméraires, qui ont ofé mettre au jour une Philofophie deftructive des mœurs & des loix.

Quand j'ai parlé dans ma Piéce du mot *d'humanité*, devenu fi familier dans nos productions philofophiques, je n'ai voulu frapper que fur l'abus, que
l'on en fait, en employant ce mot dans des ouvrages, dont les maximes, loin d'être humaines, font infiniment pernicieufes à la fociété.

Je m'attendfis avec le Philofophe fenfible, qui
a dit:

Exterminez, grands Dieux, de la terre, où nous fommes,
Quiconque avec plaifir répand le fang des hommes.

Mais je fuis tenté de rire de l'embarras d'un So-
phifte, qui s'épuife en tours de force, pour me donner un fentiment, qu'il n'a pas, qui me glace à me-
fure, qu'il croit m'échauffer, & dont le ftérile enthoufiafme étourdit mes oreilles, fans rien dire à
mon cœur.

J'ai donc écrit, Monfieur, contre les faux Philofophes, & je donne ce nom à celui, qui, à la tête
d'une Traduction *du Père de famille de Goldoni*, a
ofé imprimer deux libelles fcandaleux contre deux
Dames infiniment refpectables avec des épigraphes
du ftyle de l'*Arétin.* *

Je

* On demande, pourquoi Mr. Paliffot ne donne pas
fa Lettre entière. Eft-ce par bonté d'ame?

Je fçai, Monfieur, que quelques-uns de ces Philofophes vous ont nommé leur Chef, à peu près
comme des corfaires arborent le pavillon d'une
nation refpectée, pour exercer leurs brigandages.
C'eft un piége, qu'ils ont ofé vous tendre ; mais il
ne faut que lire leurs ouvrages & les vôtres, pour
démêler l'artifice, que vous voulez bien ne pas appercevoir. Peut-être en riez-vous intérieurement,
Monfieur, comme ce Cardinal, qui vit fon finge
fe revêtir de fes habits pontificaux : on le reconnut
bien vite aux grimaces.

Adieu, Monfieur : fouvenez-vous quelquefois
de mon attachement, de mon admiration & de
mon refpect : ces fentimens fubfifteront dans mon
cœur, quand bien même mes ennemis parvien-
draient à me faire perdre vos bontés.

COPIE

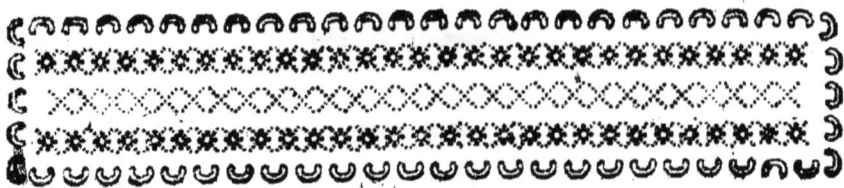

COPIE,

DE LA LETTRE

DE M. DE VOLTAIRE

A M. PALISSOT DE MONTENOY.

Du 4 Juin 1760.

Je vous remercie, Monsieur, de votre Lettre & de votre ouvrage: ayez la bonté de vous préparer à une réponse longue: les viéillards aiment un peu à babiller.

Je commence par vous dire, que je tiens votre piéce pour bien écrite : je conçois même, que Crispin Philosophe, marchant à quatre pattes, a dû faire beaucoup rire, & je crois, que mon ami Jean Jacques en rira tout le premier; cela est gay; cela n'est point méchant, & d'ailleurs le Citoyen de Genève étant coupable de Leze-Comédie, il est tout naturel, que la Comédie le lui rende.

Il n'en est pas de même des citoyens de Paris, que vous avez mis sur le Théâtre; il n'y a pas là certainement de quoi rire ; je conçois très-bien, qu'on donne des ridicules à ceux, qui veulent nous

en

en donner; je veux, qu'on se défende, & je sçai par moi-même, que, si je n'étais pas si vieux, Messieurs F. . . . . & de P. . . . . auraient affaire à moi; le premier, pour m'avoir vilipendé cinq ou six ans de suite, à ce que m'ont assuré des gens, qui lisent les brochures; l'autre, pour m'avoir désigné en pleine Académie comme un radoteur, qui a farci l'Histoire de fausses anecdotes. J'ai été très-tenté de le mortifier par une bonne justification, & de faire voir, que l'anecdote du Masque de Fer, celle du Testament du Roi d'Espagne Charles II. & autres semblables, sont très-vraies, & que, quand je me mêle d'être sérieux, je laisse les fictions poëtiques.

J'ai encore la vanité de croire avoir été désigné dans la foule de ces pauvres Philosophes, qui ne cessent de conjurer contre l'Etat, & qui certainement sont cause de tous les malheurs, qui nous arrivent; car enfin, j'ai été le premier, qui ai écrit en forme, en faveur de l'attraction, & contre les grands tourbillons de Descartes, & contre les petits tourbillons de Mallebranche; & je défie les plus ignorans, & jusqu'à M. F . . . . . lui-même, de prouver, que j'aye falsifié en rien la Philosophie Newtonienne : la Société de Londres a approuvé mon petit Catéchisme d'Attraction; je me tiens donc pour très-coupable de Philosophie.

Si j'avais de la vanité, je me croirais encore plus criminel sur le rapport d'un gros livre, intitulé

l'Oracle

l'Oracle des Philosophes, lequel est parvenu jusques dans ma retraite; cet Oracle, ne vous déplaise, c'est moi; il y aurait là de quoi crever de vaine gloire; mais malheureusement ma vanité a été bien rabattue, quand j'ai vû, que l'auteur de l'Oracle prétend avoir diné plusieurs fois chez moi, près de Lausanne, dans un chateau, que je n'ai jamais vu: il dit, que je l'ai très-bien reçu ; & pour récompense de cette bonne réception, il apprend au public tous les aveux secrets, qu'il prétend que je lui ai faits.

Je lui ai avoué, par exemple, que j'avais été chez le Roi de Prusse, pour y établir la Religion Chinoise; ainsi me voilà pour le moins de la Secte de Confucius. Je serais donc très en droit de prendre part aux injures, qu'on a dit aux Philosophes.

J'ai avoué de plus à l'Auteur de l'Oracle, que le Roi de Prusse m'a chassé de chez lui; chose très-possible, mais très-fausse, & sur laquelle cet honnête homme a menti.

Je lui ai encore avoué, que je ne suis point attaché à la France, dans le tems, que le Roi me comble de ses graces, me conserve la place de son Gentilhomme ordinaire, & daigne favoriser mes terres des plus grands priviléges; enfin, j'ai fait tous ces aveux à ce digne homme pour être compté parmi les Philosophes.

J'ai trempé de plus dans la cabale infernale de l'Encyclopédie; il y a au moins une douzaine d'articles

ticles de moi, imprimés dans les trois derniers volumes. J'en avais préparé pour les fuivans une
douzaine d'autres, qui auraient corrompu la nation,
& qui auraient bouleverfé tous les ordres de
l'Etat.

Je fuis encore un des premiers, qui ai employé
fréquemment ce vilain mot d'*humanité*, contre lequel vous avez fait une fi brave fortie dans votre comédie. Si après cela on ne veut pas m'accorder
le nom de Philofophe, c'eft l'injuftice du monde
la plus criante.

Voilà pour ce qui me regarde.

Quant aux perfonnes, que vous attaquez dans
votre ouvrage, fi elles vous ont offenfé, vous faites
bien de le leur rendre; il a toujours été permis par
les loix de la Societé de tourner en ridicule les
gens, qui nous ont rendu ce petit fervice : autrefois
quand j'étais du monde, je n'ai guères vû de fouper, dans lequel un rieur n'exerçat fa raillerie fur
quelque convié, qui, à fon tour, faifait tous fes ef-
forts, pour égayer la compagnie aux dépens du rieur;
les avocats en ufent fouvent ainfi au Barreau; tous
les écrivains de ma connaiffance fe font donné mu-
tuellement tous les ridicules poffibles; Boileau en
donna à Fontenelle, Fontenelle à Boileau; l'autre
Rouffeau, qui n'eft pas Jean Jacques, fe moqua beaucoup de *Zaïre* & d'*Alzire*; & moi, qui vous parle,
je crois, que je me mocquai auffi de fes dernières
épîtres, en avouant pourtant, que l'ode fur les con-

quérans

quérans eſt admirable, & que la plûpart de ſes épi-grammes ſont très-jolies; car il faut être juſte, c'eſt le point principal.

C'eſt à vous à faire votre examen de conſcience, & à voir, ſi vous êtes juſte en repréſentant Meſſieurs Dalembert, Duclos, Diderot, Helvetius, le Cheva-lier de Jaucourt, & *tutti quanti*, comme des ma-rauds, qui enſeignent à voler dans la poche.

Encore une fois, s'ils ont voulu rire à vos dé-pens dans leurs livres, je trouve très-bon, que vous riiez aux leurs; mais, pardieu, la raillerie eſt trop forte; s'ils étaient tels, que vous les repréſentez, il faudrait les envoyer aux galères, ce qui n'entre point du tout dans le genre comique; je vous parle net. Ceux, que vous voulez deshonorer, paſſent pour les plus honnêtes gens du monde, & je ne ſçai même, ſi leur probité n'eſt pas ſupérieure à leur Philoſophie : je vous dirai franchement, que je ne ſçai rien de plus reſpectable que M. Helvetius, qui a ſacrifié deux cent mille livres de rente pour culti-ver les belles-lettres en paix. S'il a, dans un gros livre, avancé une demi-douzaine de propoſitions téméraires & mal-ſonnantes, il s'en eſt aſſez repenti, ſans que vous duſſiez déchirer ſes bleſſures ſur le Théâtre.

M. Duclos, Secretaire de la premiére Académie du Royaume, me paraît mériter beaucoup plus égards, que vous n'en avez pour lui; ſon livre ſur *les Mœurs* n'eſt point du tout un mauvais livre, c'eſt

ſurfur-tout le Livre d'un honnête homme. En un mot, ces Meſſieurs vous ont-ils publiquement of-fenſé? Il me ſemble que non. Pourquoi donc les offenſez-vous ſi cruellement ?

Je ne connais point du tout M. Diderot; je ne l'ai jamais vû; je ſçai ſeulement, qu'il a été malheu-reux & perſécuté ; cette ſeule raiſon devait vous faire tomber la plume des mains.

Je regarde d'ailleurs l'entrepriſe de l'Encyclo-pédie, comme le plus beau monument, qu'on pût élever à l'honneur des ſciences; il y a des articles admirables, non ſeulement de M. Dalembert, de M. Diderot, de M. le Chevalier de Jaucourt, mais de pluſieurs autres perſonnes, qui, ſans aucuns mo-tifs de gloire ou d'intérêt, ſe ſont fait un plaiſir de travailler à cet ouvrage.

Il y a des articles pitoyables, ſans doute, & les miens pourraient bien être du nombre ; mais le bon l'emporte ſi prodigieuſement ſur le mauvais, que toute l'Europe déſire la continuation de l'En-cyclopédie : on a traduit déjà les premiers volumes en pluſieurs langues ; pourquoi donc jouer ſur le Théâtre un ouvrage devenu néceſſaire à l'inſtruction des hommes & à la gloire de la nation?

J'avoue, que je ne reviens point d'étonnement de ce que vous me mandez ſur M. Diderot: il a, dites-vous, *imprimé deux libelles, contre deux Dames*

du

du plus haut rang, qui font vos bienfaitrices; vous
avez vû fon nom figné de fa main; fi cela eft, je
n'ai plus rien à dire, je tombe des nuës, je renonce à la Philofophie, aux Philofophes, à tous les livres, & je ne veux plus penfer qu'à ma charrue &
à mon femoir.

Mais permettez-moi de vous demander très-jufte-
ment des preuves ; fouffrez, que j'écrive aux amis
de ces Dames ; je veux abfolument fçavoir, fi je
dois mettre, ou non, le feu à ma bibliothéque.

Mais fi M. Diderot a été affez abandonné de
Dieu pour outrager deux Dames refpectables, &
qui plus eft, très-belles; vous ont-elles chargé de
les venger? les autres perfonnes, que vous produifez
fur le Théâtre, avaient-ils eu la groffiereté de man-
quer de refpect à ces deux Dames?

Sans avoir jamais vû M. Diderot, fans trouver
le *Père de Famille* plaifant, j'ai toujours refpecté fes
profondes connaiffances ; & à la tête de ce Père de
Famille, il y a une épître à Madame la Princeffe
de Naffau, qui m'a paru le chef-d'œuvre de l'éloquence & le triomphe de l'humilité ; paffez moi
le mot, vingt perfonnes m'ont affuré, qu'il a une
très-belle ame ; je ferais affligé d'être détrompé,
mais je fouhaite d'être éclairé.

> La faibleffe humaine eft d'apprendre
> Ce qu'on ne voudrait pas fçavoir.

Je

Je vous ai parlé, Monfieur, avec franchife; fi vous trouvez dans le fond du cœur, que j'aye raifon, voyez ce que vous avez à faire : fi j'ai tort, dites-le moi, faites-le moi fentir, redreffez-moi. Je vous jure, que je n'ai aucune liaifon avec aucun Encyclopédifte, excepté peut-être avec M. Dalembert, qui m'écrit une fois en trois mois des lettres de Lacédémonien; je fais de lui un cas infini; je me flatte, que celui-là n'a pas manqué de refpeĉt à Mesdames vos illuftres protectrices. Je vous demande encore une fois la permiffion de m'adreffer, fur toute cette affaire, à M. &c.

J'ai l'honneur d'être, Monfieur, avec une eftime très-véritable de vos talens, & un extrême defir de la paix, que Mrs. F....., & de P......, & quelques autres m'ont voulu ôter.

> Votre très-humble & très-obéiffant
> ferviteur, Voltaire, Gentil-hom-
> me ordinaire du Roi.

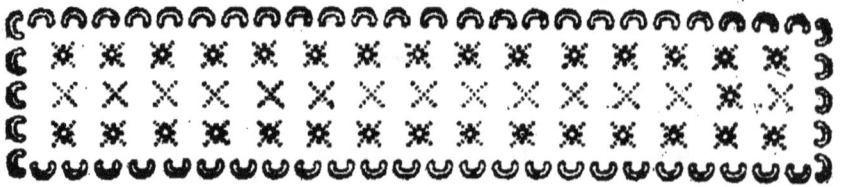

REPONSE

DE M. PALISSOT

à la Lettre de M. de VOLTAIRE,

En date du 4 Juin 1760.

Vous êtes, Monsieur, le premier, qui ayez fait connaître en France les sublimes découvertes de Newton ; mais ce ne sont ni des Philosophes tels que Newton, ni ceux, qui après lui ont éclairé le monde, que j'ai désignés dans ma comédie ; le projet en eût été absurde. Je ne suis ni un insensé, ni un barbare. On peut assurément, sans blesser les mœurs, deviner le système de l'univers. C'est même un des plus puissans moyens de s'élever jusqu'à son Auteur ; & jamais la vérité de l'existence de Dieu n'a été plus solidement établie que depuis les progrès de la Physique. Je n'ai voulu parler, Monsieur, que de ces Charlatans de Philosophie, qui ont osé ébranler les fondemens de la morale, en la réduisant en système ; qui ont nié jusqu'au sentiment de cette loi naturelle, dont vous êtes le vengeur dans un de vos ouvrages, & qui ont renou-

vellé

vellé dans des écrits dangereux les principes des Hobbes, des Mandevilles, &c.

Il eſt donc clair, Monſieur, que, pour avoir travaillé fur Newton, vous n'êtes point du nombre
des Philoſophes, que j'avais en vûe. Quoique je
n'aye pas mis de correctif au titre de ma piéce, je
n'ai pas même donné lieu à l'équivoque. Je n'ai
attaqué que la fauſſe Philoſophie. Ainſi, Monſieur,
point d'abus fur le mot. Moliére n'intitula point
ſa comédie : *les Fauſſes Savantes.* Son ouvrage
prouvait aſſez, qu'il n'avait pas eu l'intention de jetter du ridicule fur les ſciences.

Dans un mauvais libelle on vous a mis à la tête
du parti des nouvèaux Philoſophes ; & l'Auteur,
mal-adroit dans ſa fiction, vous calomnie & vous
prête des abſurdités, qui ſe contrediſent. Cela eſt
vrai, Monſieur, & c'eſt le jugement, que j'ai porté
de cette brochure. Malheur à cet écrivain, s'il n'a
pas été frappé de tout l'intervalle, qui vous ſépare
de cette populace de Philoſophes, qui n'ont écrit
qu'à la honte de la raiſon ! Tant pis pour lui, s'il
n'a pas ſçu diſtinguer des ouvrages, qui font aimer
la vertu, de ces écrits fecs, arides, ténébreux, où
l'on ne ceſſe de la défigurer fous prétexte de la dé-
finir. Mais, Monſieur, parce que cet Auteur a
fait une ſottiſe en affectant de vous confondre avec
des Philoſophes de cette eſpèce, ai-je perdu le
droit, moi, qui vous reſpecte & qui vous aime, de jetter du ridicule fur la fauſſe Philoſophie ?

Vous

Vous avez fait quelques articles de l'Encyclopédie; je le fçai, Monfieur, & ce font ceux, que j'ai cherché avec le plus d'empreffement dans ce Dictionnaire. Ils ne contiennent ordinairement que des définitions courtes & précifes, fuivies de quelques exemples. C'eft ainfi que tous les articles de ce livre auraient dû être compofés. On n'y verrait alors, ni froid enthoufiafme, ni déclamation, ni puéril orgueil. On s'inftruirait, & voilà tout. Je vous le demande, Monfieur, quand j'aurais prétendu attaquer l'Encyclopédie, des articles de littérature, tels que tous ceux, que vous avez fournis, peuvent-ils, même en apparence, être entrés dans mon plan? Vous favez bien que non. Permettez-moi donc de croire, que vous n'avez voulu faire qu'une plaifanterie, en mettant ces articles au rang de ceux, qui pourraient avoir *corrompu la nation & bouleverfé les ordres de l'Etat.*

Il eft vrai, que vous êtes un des premiers, qui ayent employé fréquemment le mot d'*humanité*, contre lequel, dites-vous, *j'ai fait une fi brave fortie dans ma pièce.* Mais apparemment ce n'eft pas au mot, c'eft au fentiment, qu'il exprime, que vous êtes attaché. Or, dans la fortie, que j'ai faite, je ne parle que de ceux, qui abufent du mot *pour n'aimer perfonne.* Il eft donc évident, que je refpecte l'*humanité* autant que vous, Monfieur. Hé! comment ne refpecterais-je pas un fentiment, que vous auriez mis dans mon cœur, fi j'étais affez malheureux,

reux, pour que la nature ne l'y eût pas gravé?
J'avais prévenu le reproche, que vous me faites,
dans la première lettre, que j'ai eu l'honneur de
vous écrire. J'avais établi la différence infinie, qu'il
y a entre parler d'humanité en termes arides, qui
fuppofent un cœur médiocrement affecté, & l'imprimer dans l'ame avec ces traits de feu, qui prou-
vent, combien on eft pénétré foi-même. Pour vous
perfuader, Monfieur, que cette façon de penfer
n'eft point de ma part une apologie fuggerée par
les circonftances, permettez-moi de vous tranfcrire
ce que j'écrivais, il y a quatre ans, *dans mes petites
Lettres;* vous jugerez, que je n'ai pas varié dans
mes idées. „ Voyez Mérope, qui croit retrouver
„ quelques traits de fon fils dans un étranger, qu'on
„ lui amêne. Qui n'imaginerait s'exprimer com-
„ me elle? C'eft la nature dans fa plus grande naï-
„ veté; mais qu'elle eft fublime!

C'eft un infortuné, que le Ciel me préfente:
Tendons à fa jeuneffe une main bienfaifante;
Il fuffit, qu'il foit homme, & qu'il foit malheureux:
Mon Fils peut éprouver un fort plus rigoureux.

Il me rappélle Egifte; Egifte eft de fon âge:
Peut-être comme lui, de rivage en rivage,
Inconnu, fugitif, & par-tout rebuté,
Il fouffre le mépris, qui fuit la pauvreté, &c.

„ Si

„ Si Mérope, à la place de ces expreſſions ſi
„ vraies & ſi touchantes, analyſait ſa compaſſion
„ pour cet infortuné; ſi elle diſait: *qu'une ame ten-*
„ *dre n'enviſage point le ſyſtême general des êtres ſen-*
„ *ſibles, ſans en deſirer fortement le bonheur ;* n'en-
„ tendriez-vous pas le bruit des ſifflets s'élever de
„ tous côtés, & pourſuivre l'héroine Métaphyſi-
„ cienne juſques dans les couliſſes? „

Eſt ce donc à l'auteur de *Mérope*, de *Zaïre*
& d'*Alzire*, eſt-ce à celui, qui a raſſemblé dans le
caractère d'*Idamé*, tout ce que les mœurs ont de
plus reſpectable, à ſe confondre avec nos prétendus
Philoſophes ? Hé, Monſieur, ſi leurs ſyſtêmes pre-
naient du crédit, ſi la nature n'avait mis dans le
cœur humain les plus fortes barriéres contre leur
vaine Philoſophie, vos chefs-d'œuvres, que nous
admirons, manqueraient bientôt de ſpectateurs dignes de les entendre. On a dit de Paſcal, qu'il fut
aſſez bon pour croire, que Nicole & Arnauld va-
laient mieux que lui. Ne vous abaiſſez point par
des comparaiſons. Que les Grecs & les Troyens
ſe diviſent, Jupiter ne doit prendre aucun parti.

Voilà, Monſieur, pour ce qui vous regarde.

Quant aux perſonnes, qui pourraient ſe plaindre
de mon ouvrage, je vous aſſûre, que je n'ai con-
tr'elles aucun reſſentiment. Je ne ſai, pourquoi
vous me citez MM. Dalembert & le Chevalier de
Jaucourt.

Jaucourt. On ne m'a pas fait l'injuftice de croire à Paris, que j'euffe voulu les défigner. Je n'ai pas l'honneur de connaître M. de Jaucourt; il n'a jamais été compris, même par les ennemis de l'Encyclopédie, dans le nombre de ceux, qui ont fourni des articles dangereux. Pour M. Dalembert, j'avoue, qu'il m'a donné très-gratuitement des marques de haine dans une querelle injufte, que l'on me fit à Nancy; mais je n'en refpecte pas moins fes talens & fes profondes connaiffances. C'eft fe deshonorer foi-même que de porter dans fes jugemens un efprit de vengeance. J'ai tâché de ne jamais perdre ce principe de vûe. C'eft par-là que je me fuis bien gardé de me compromettre en attaquant M. Dalembert; & rien ne prouve mieux, ce me femble, que j'ai écrit ma piéce avec impartialité.

Je n'ai donc pas repréfenté ces Meffieurs *tutti quanti, comme des marauds, qui enfeignent à voler dans la poche.* J'ai mis fur la fcène un valet, qui, abufant des fpéculations philofophiques de fon maître, finit par le voler. Ce trait au Théatre a toujours excité le rire, jamais l'indignation. Il eft évident, Monfieur, que de certains principes pourraient conduire jufques-là. Le fyftême, qui fait de l'amitié même un commerce d'intérêt perfonnel, qui détruit dans l'homme le fentiment de fa liberté, dans lequel on convient, *qu'il eft des gens, qu'un penchant malheureux, mais irréfiftible, néceffite à fe faire rouer:* un tel fyftême, dis-je, eft infiniment dangereux.

reux. Il ferait abfurde d'en conclure, que l'Auteur
du fyftême fût un voleur de grand chemin, & c'eft
à peu près la conclufion, que vous me prêtez. Mais
il eft très-permis, très-innocent, très-louable, de jetter un peu de ridicule fur de pareils principes; je
ne me fuis permis que d'en rapprocher les conféquences, & de les mettre en action.

Lorfque je lifais des livres de controverfes, je
me fouviens d'avoir lû une brochure intitulée : *Car-
touche juftifié par les principes de Janfenius.*

Affurément l'Auteur lui-même (quoique Jéfuite)
ne voulait pas dire, que Janfénius fût un homme à
pendre. Il voulait prouver feulement, que tout
fyftême, qui conduit au fatalifme, peut fervir d'apologie aux plus grands crimes, & que dès-lors l'intérêt
général veut, qu'un tel fyftême foit profcrit.

Lorfque Pafcal preffait les Jéfuites par l'argument
de Jean d'Alba, certainement (quoique Janfénifte)
fon intention n'était pas de repréfenter les Jéfuites
comme une fociété de filoux, qu'il fallait envoyer
aux galères; il prétendait feulement, que quelques
traits de la morale de leurs Cafuiftes auraient pû
fournir une affez bonne excufe à ce Jean d'Alba.

J'ai lû dans *Candide*, qu'un gueux du Pays d'Atré-
batie avait commis le plus horrible attentât, pour
avoir entendu beaucoup de fottifes. L'Auteur de
Candide n'a pas voulu donner à penfer, que tous
ceux, qui avaient eu le malheur de dire des fottifes,
fuffent

fuſſent des gens capables d'un parricide. Il n'a voulu que prouver, qu'il y avait des ſottiſes très-dangereuſes. Mais heureuſement les hommes ſont inconſéquens ; & tout ſerait perdu, s'ils ne l'étaient pas.

Enfin, Monſieur, je n'ai tracé mes caractères d'après aucun Philoſophe en particulier, mais d'après les principes de quelques Philoſophes. Je ne m'en crois pas moins en droit d'eſtimer ce qu'ils ont d'eſtimable, & de regarder, par exemple, M. Helvétius comme un très-honnête homme.

Pour M. Duclos, permettez-moi de ne pas me défendre. Je peux avouer tout ce que vous m'en dites, ſans être embarraſſé de mon aveu. J'ai trouvé un peu de ridicule, un peu de faſte dans le début de ſon livre ſur les Mœurs. Je le crois cependant, comme vous, l'ouvrage d'un homme de probité ; ce n'eſt pas là ce que la critique examine. Je conviens, qu'il eſt Sécrétaire d'une très-reſpectable Académie ; mais cette Académie elle-même condamnerait-elle le chef-d'œuvre des Femmes ſavantes ?

Moliére s'y donna plus de liberté que moi. Il joua deux Académiciens (Cotin & Ménage) de manière à n'être méconnus de perſonne ; tous deux n'avaient fait que des ouvrages d'honnêtes gens. Ménage, ſurtout, n'était pas un homme ſans mérite. Il avait été honoré pluſieurs fois des lettres de la Reine Chriſtine. Cotin était prêtre, autre raiſon

de

de ménagement pour Molière, qui cependant ſe permit à l'égard de ces deux hommes, ce que je ne me permettrais pas. Il frappa juſques ſur les mœurs.

Triſſotin eſt congédié pour un ſentiment d'intérêt perſonnel très-bas. Vadius, dans le cours de la piéce, écrit une lettre anonyme ; ce qui n'eſt pas le procédé d'une ame ſort délicate. *Ces deux Meſſieurs n'avaient point compoſé de livres de morale, dont on pût dire que de pareilles actions fuſſent la conſéquence.*

Si M. Duclos veut des exemples plus modernes & des perſonalités plus conſolantes, la Motte, Académicien, qui en valait bien un autre, a été joué dans *Momus Fabuliſte.*

De tous les tems la Comédie, qui ne ſerait bonne à rien, ſi elle ne reſſemblait à perſonne, a jouï de ces petites libertés. Nous avons des Théatres entiers, qui ne ſont que des Vaudevilles. Celui de Molière ſeul me donnerait bien beau jeu; mais ce n'eſt pas à un homme comme vous qu'il eſt beſoin de tout dire. C'était pourtant l'âge d'or de la Comédie ; mais auſſi Molière fut traité de ſcélérat dans vingt libelles, & je vois, que c'eſt aſſez le ſort des honnêtes gens.

J'ai nommé une fois le livre de l'Encyclopédie dans mon Ouvrage, il n'y a pas là de trait de ſatyre. Triſſotin cite Deſcartes dans la Comédie de Moliè-re; ce n'était pas une injure contre Deſcartes.

J'ai

J'ai crû, qu'il était naturel, qu'une femme savante eût chez elle un livre, qu'elle admire, & qu'elle n'entend pas.

Je pourrais, Monsieur, m'en tenir là sur l'Encyclopédie. Le projet en est sans doute admirable ; mais permettez moi de le distinguer du monument, qui existe. J'ai trouvé, comme vous, des articles, qui me paraissent excellens ; il en est beaucoup, que je ne suis pas à portée d'entendre. Mais il me semble, que le projet est bien loin d'être rempli ; que la méthode adoptée par les Rédacteurs est directement contraire au but, que l'on s'était proposé. Enfin, si les notions des Arts étaient éteintes, je crois, que ce serait un grand effet du hazard, si l'on en retrouvait un seul dans ce Dictionnaire. Je prouverais tout cela, Monsieur ; mais je ferais un Livre, & je n'ai que trop abusé de vos bontés par une lettre si longue. Je ne me flatterais pas d'ailleurs de rien apprendre à M. de Voltaire.

J'ai du regret de penser autrement que vous à l'égard de M. Did. . Il a, sans contredit, beaucoup d'esprit, avec une imagination fort exaltée. Je ne me pique pas de l'entendre toujours, & ce peut être de ma part défaut de pénétration ; mais vous avez écrit, Monsieur, sur des matières très-abstraites, & tout le monde vous entend ; pardonnez-moi, si vous m'avez rendu trop difficile. Vous n'affectez point de tours sententieux, prophétiques, apocalyptiques ; c'est que la véritable grandeur ne se soutient pas

sur

fur des échaffes. Je voudrais, que M. Did.. s'échauf-
fât moins fur des idées très-communes; qu'il fût
plus fobre d'annoncer fes imaginations comme des
découvertes. Je voudrais, qu'il fût bien perfuadé,
que, pour être fçavant, on n'eft pas difpenfé d'étudier fa langue & de l'écrire correctement. Il a
quelque-fois des momens très-lumineux: c'eft un
cahos, où la lumière brille par intervalles. Je crois
voir le combat du bon & du mauvais principe.
Tout cela ferait peu de chofe, & je ne l'en tien-
drais pas moins pour Philofophe, fi je pouvais le
juftifier fur les libelles.

M. . . . . ne vous défavouera pas, Monfieur, que
Madame de . . s'en eft expliquée avec lui plufieurs
fois fans aucun nuage. Madame de . . . . en a eu
l'aveu figné de la main de Did.. Madame de . . .
vous confirmera ce que j'ai l'honneur de vous dire,
elle a entendu le témoignage de Madame . . . auffi
bien que M . . . . . & moi. Si vous êtes curieux,
autant que vous le paraiffez, d'approfondir ce fait,
ne vous en rapportez pas à moi, Monfieur.

Confultez les Dames, que je vous nomme, & vous
fçaurez la vérité. Le Public doute fi peu de la
chofe, qu'il m'a abandonné M. Did.. dès la première repréfentation des *Philofophes.* Je n'ai pas
entendu de voix, qui fe fût élevée pour lui.

Vos fentimens en faveur de ces Meffieurs, n'en
font ni moins beaux, ni moins généreux. Je voudrais, pour leur honneur, ne connaître parmi eux

aucun

aucun ingrat; mais auffi vous auriez moins de mérite à les défendre.

Si quelque chofe pouvait me ramener à leur parti, ce ferait affurément votre lettre.

A travers les inftruction, que vous voulez bien
me donner, il y régne un ton de modération & de
bonté, qui me prouve, que vous n'avez pas oublié
le fentiment, qui me conduifit à Genève il y a quelques années. Je vous en remercie, Monfieur, &
il ferait à fouhaiter pour nos *Philofophes*, qu'ils s'étu-
diaffent encore longtems à vous contrefaire. Mal-
heureufement pour le parti, jufqu'a préfent on n'a
publié contre moi que des injures, des calomnies,
des libelles & des gravures diffamatoires : rien ne
parait moins philofophique. On m'a comparé à
Ariftophane, c'eft avoir eu bien de l'indulgence
pour moi; mais on mourrait d'envie de fe compa-
rer à Socrate : ni ce Philofophe, ni fes difciples, né
fe vengèrent par des libelles. Voilà le caractère,
qu'il eût fallu foutenir. Euripide continua de donner fes chefs-d'œuvre fur le Théatre, où l'on avait
joué fon ami; mais en vérité ces Philofophes Grecs
étaient des hommes inimitables.

Je fuis avec le plus profond refpect & l'attachement le plus tendre,

Monfieur,

Votre, &c.

Paris 17 *Juin* 1760.

COPIE

COPIE

DE LA LETTRE

DE M. DE VOLTAIRE

A M. PALISSOT DE MONTENOY.

Du 28 Juin 1760.

Vous me faites enrager, Monsieur: j'avais résolu de rire de tout dans mes douces Retraites, & vous me contristez ; vous m'accablez de politesse, d'éloges & d'amitiés, mais vous me faites rougir, quand vous imprimez, que je suis supérieur à ceux, que vous attaquez; je crois bien, que je fais mieux des vers qu'eux, & même que j'en sçai autant qu'eux en fait d'histoire; mais sur mon Dieu, sur mon ame, je suis à peine leur écolier dans tout le reste, tout vieux que je suis : venons à des choses plus sérieuses.

Un de mes amis m'a assûré dans ses dernières Lettres, que M. Diderot n'est point reconnu coupable des faits, dont vous l'accusez. Une personne non moins digne de foi, m'a envoyé un très-long détail de cette avanture, & il se trouve, qu'en effet M. Diderot n'a eu nulle part aux deux Lettres con-

damna-

damnables, qu'on lui imputait ; encore une fois, je ne le connais point, je ne l'ai jamais vû ; mais il avait entrepris avec M. d'Alembert un Ouvrage immortel, un Ouvrage néceffaire, & que je confulte tous les jours ; cet Ouvrage était d'ailleurs un objet de trois cent mille écus dans la Librairie ; on le traduifait déjà dans trois ou quatre langues, *quefta rabbia detta gelofia* s'arme contre ce monument cher à la nation, & auquel plus de cinquante perfonnes de diftinction s'empreffaient de mettre la main.

Un Abraham Chaumeix s'avife de donner un Mémoire contre l'Encyclopédie, dans lequel il fait dire aux Auteurs ce qu'ils n'ont point dit, empoifonne ce qu'ils ont dit, & argumente contre ce qu'ils diront. Il cite auffi fauffement les Pères de l'Eglife que le Dictionnaire. On croit Abraham Chaumeix ; on retire le privilége aux Libraires ; on informe contre les Auteurs, & pour ma part je me trouve injuftement défigné dans le réquifitoire du Miniftere public ; c'eft dans ces circonftances odieufes que vous faites votre Comédie contre les Philofophes. Vous les percez, quand ils font *fub gladio*.

Vous me dites, que Molière a joué Cottin & Ménage ; foit, mais il n'a pas dit, que Cottin & Ménage enfeignaient une morale perverfe, & vous imputez à tous ces Meffieurs des maximes affreufes dans votre Piéce & dans votre Préface.

Vous m'affurez, que vous n'avez point accufé le Chevalier de Jaucourt ; cependant c'eft lui qui eft

l'auteur

l'auteur de l'article *Gouvernement*; fon nom eft en groffes lettres à la fin de cet article; vous en déférez plufieurs traits, qui pourraient lui faire grand tort, dépouillés de tout ce qui les précède & qui les fuit, mais qui remis dans leur tout enfemble, font dignes des Cicerons, des de Thou & des Grotius.

Vous n'ignorez pas d'ailleurs, que M. le Chevalier de Jaucourt eft d'une très-grande maifon, & beaucoup plus refpectable par fes mœurs que par fa naiffance.

Vous voulez rendre odieux un paffage de l'excellente Préface, que M. d'Alembert a mife au-devant de l'Encyclopédie, & il n'y a pas un mot de ce paffage dans fa Préface. Vous imputez à Mr. Diderot ce qui fe trouve dans les Lettres Juives; il faut, que quelque Abraham Chaumeix vous ait fourni des Mémoires comme a M. J*****, & qu'il vous ait trompé, comme il a trompé ce Magiftrat. Vous faites plus, vous joignez à vos accufations, contre les plus honnêtes gens du monde, des horreurs tirées de je ne fçai quelle brochure intitulée *la Vie heureufe* & *l'Homme plante*, qu'un fou, nommé la Metrie, compofa un jour étant yvre à Berlin, il y a plus de douze ans. Cette fatire de la Metrie oubliée pour jamais, & que vous faites revivre, n'a pas plus de rapport avec la Philofophie & l'Encyclopédie, que le Portier des Chartreux n'en a avec l'Hiftoire de l'Eglife; cependant vous joignez toutes ces accufations enfemble.

Qu'arrive-

Qu'arrive-t-il ? votre délation peut tomber entre les mains d'un Prince, d'un Ministre, d'un Magistrat, occupé d'affaires graves, de la Reine même, plus occupée encore de faire du bien, de soulager les indigens, & à qui d'ailleurs les bienséances de sa grandeur laissent peu de loisir ; on a bien le temps de lire rapidement votre Préface, qui contient une feuille, mais on n'a pas le temps d'examiner, de confronter les ouvrages immenses, auxquels vous imputez ces dogmes abominables ; on ne sçait point, qui est ce la Métrie, on croit, que c'est un Encyclopédiste, que vous attaquez, & les innocens peuvent payer pour le criminel, qui n'existe plus : vous faites donc beaucoup plus de mal, que vous ne pensiez & que vous ne vouliez ; & certainement, si vous y réfléchissiez de sang froid, vous devriez avoir des remords.

Voulez-vous à présent, que je vous dise librement ma pensée ; voilà votre Piéce jouée, elle est bien écrite, elle a réussi ; il y aurait une autre sorte de gloire à acquérir, ce serait d'insérer dans tous les Journaux une déclaration bien mesurée, dans laquelle vous avoueriez, que, n'ayant pas en votre possession le Dictionnaire Encyclopédique, vous avez été trompé par les extraits infidéles, qu'on vous en a donnés, que vous vous êtes élevé avec raison contre une morale pernicieuse ; mais que depuis, ayant vérifié les passages, dans lesquels on vous avait dit que cette morale était contenue, ayant lû attentivement cette Préface de l'Encyclopédie, qui eſt un chef-d'œuvre, & pluſieurs Articles dignes de cette Préface; vous vous faites un plaiſir & un devoir de rendre au travail immenſe de leurs Auteurs, & à la morale ſublime répandue dans leur ouvrage, à la pureté de leurs mœurs, toute la juſtice, qu'ils méri-tent ; il me ſemble, que cette démarche ne ſerait point une retraction, puiſque c'eſt à ceux, qui vous ont trompé, à ſe retracter; elle vous ſerait beaucoup d'honneur, & terminerait très-heureuſement une très-triſte querelle.

Voilà mon avis, bon ou mauvais; après quoi je ne me mêlerai en aucune façon de cette affaire: elle m'attriſte, & je veux finir gaiement ma vie: je veux rire ; je ſuis vieux & malade, & je tiens la gaieté un remède plus ſûr que les ordonnances de mon cher & eſtimable Tronchin : je me moquerai tant, que je pourrai, des gens, qui ſe ſont moqués de moi; cela me rejouit, & ne fait nul mal. Un Fran-çais, qui n'eſt pas gai, eſt un homme hors de ſon élé-ment: vous faites des Comédies, ſoyez donc joyeux, & ne faites point, de l'amuſement du Théatre, un Procès criminel: vous êtes actuellement à votre aiſe; réjouïſſez vous, il n'y a que cela de bon.

Si quid noviſti rectius iſtis,
Candidus imperti; ſi non, his utere mecum.

E' par fine, ſans compliment: Votre très-humble & très-obéiſſant Serviteur.

RE'PON-

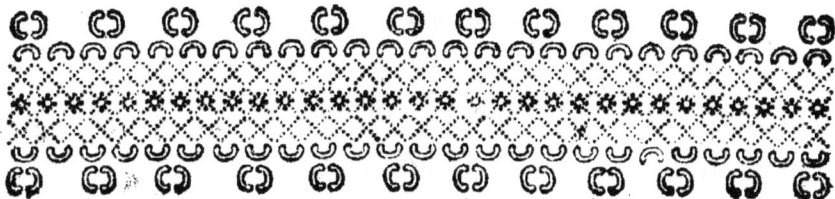

RÉPONSE

DE M. PALISSOT

A LA LETTRE DE M. DE VOLTAIRE,

du 28 Juin.

Vous voulez donc abſolument, Monſieur, être l'écolier des Encyclopédiſtes; mais ſavez-vous, qu'ils ont bien aſſez d'orgueil pour vous prendre au mot. Oh! vous ſentez, que je ſuis trop loin de vouloir jamais penſer comme eux, pour vous en croire ſur votre parole.

M. Did. . . vous paraît innocent: à la bonne heure, Monſieur, je ne m'y oppoſe pas. C'eſt pourtant encore une choſe, dont vous perſuaderez difficilement le Public. Au reſte, je peux dire tout comme vous, *je ne le connais point, je ne l'ai jamais vû ;* mais je dirai ce que vous ne voulez pas dire. Je l'ai lû, je ne l'entens point, je doute, qu'il s'entende lui - même, & il m'ennuye.

Je n'ai jamais ſenti *queſta rabbia detta geloſia.* Nous courons, Meſſieurs les Encyclopédiſtes & moi, une carrière bien différente. *Ils compilent, com-*

E 2   *pilent,*

pilent, compilent. Moi, je fais de petits vers pour m'amufer, & je lis les vôtres pour m'inftruire.

Qu'eft-ce qu'un Abraham Chaumeix, à qui vous faites jouer un fi grand rôle, qui donne des Mémoires à tant de gens, & qui (dites-vous) pourrait bien m'en avoir donnés ? Le pauvre diable! Il eft bien loin de fe foupçonner tant de malice. Hé! quoi, Monfieur,

L'infecte imperceptible enfeveli fous l'herbe

ne peut même vous échapper ?

Eft-ce pour m'intéreffer que vous me repréfentez ces pauvres Philofophes *fub gladio?* Eft-il bien vrai, qu'on les perfécute ? On vous trompe affurément, Monfieur. Des gens, qui s'appellent euxmêmes *les Légiflateurs du monde, les Réformateurs de leur fiècle, les Tuteurs du genre humain,* & dont on ne fait que rire, ne feront accroire à perfonne, qu'ils foient perfécutés. N'ont-ils pas d'ailleurs la reffource *de jetter de tems en tems quelques vérités au peuple, pour lui apprendre à refpecter les Philofophes?* *

Molière, il eft vrai, ne reprocha ni à Cottin ni à Ménage d'enfeigner une morale perverfe. C'eft qu'ils n'avaient jamais fait de traité de morale; j'avais eu l'honneur de vous le dire.

Je

* Cette phrafe eft de M. Diderot.

Je ne m'attendais plus, Monſieur, à être accuſé de vouloir rendre M. d'Alembert odieux, après la maniere, dont je m'étais expliqué avec vous ſur ſon compte.

Je conviens, que mon Imprimeur ou mon Copiſte ont eu tort de faire une mépriſe, & de lui imputer un paſſage, qui n'eſt pas de lui. Mais qui vous l'a dit, Monſieur, que ce paſſage n'était pas de lui ? Moi-même, qui ai corrigé de ma main cette faute dans l'exemplaire, que j'ai pris la liberté de vous envoyer.

C'eſt encore moi, qui ſur le même exemplaire vous ai fait l'aveu, qu'un autre paſſage attribué à M. Did. . . . ne ſe trouvait que dans les Lettres Juives.

Pourquoi donc me reprochez-vous ces deux erreurs, que j'ai corrigées ? En bonne foi, Monſieur, vous ſçavez bien, qu'en matière de citations je ne ſerais embarraſſé que ſur le nombre.

C'était donc un fou que ce la Métrie, qui compoſait à Berlin des ſottiſes étant yvre. Je ne le connaiſſais que par ces deux vers :

Fléau des Médécins, il en fut la lumière :
Mais à force d'eſprit tout lui parut matière.

Et ce n'eſt pas là tout-à-fait le portrait d'un fou. Comme j'avais intitulé ma Piéce *les Philoſophes*, & non pas *les Encyclopédiſtes*, j'ai crû, que je pouvais puiſer des citations hors de l'Encyclopédie, & que toutes les abſurdités *prétendues Philoſophiques* appar tenaient à mon plan. Or le *Difcours fur la vie heu-reufe* eft un ouvrage très-fertile en abfurdités de cette efpèce. On y traite la grande & inutile queſtion du *bonheur*; on y parle du bien & du mal moral, du jufte & de l'injufte, &c. &c. &c. Ce n'eft donc pas férieufement que vous dites, Monfieur, que ce Livre n'a pas plus de rapport à la Philofophie, que le Portier des Chartreux avec l'Hiftoire de l'Eglife.

Mais c'eft trop vous importuner d'une *très-trifte querelle;* il eft aifé d'appercevoir, que vous n'avez pas envie, que j'aye raifon. On a fait agir auprès de vous trop de refforts contre moi. Je n'en fuis pas moins le plus fincère de vos admirateurs.

Je ne rougirais pas de me retracter, fi j'avais eu le malheur d'être trompé, ou le malheur, plus naturel encore, de me tromper; mais, Monfieur, je n'ai point écrit fur des Mémoires; je ne lis point ceux de Maître Abraham, et j'ai fous les yeux l'Encyclopédie & quelques autres Livres. Vous les avez lus, fans doute, vous, Monfieur, qui me confeillez de les lire. Cela me fuffit pour fçavoir ce que vous en penfez. L'envie, que j'ai eu d'être quelquefois plaifant, m'a appris à me connaître en plaifanterie. Le confeil, que vous me donnez, en eft une excellente, & je vois, que vous êtes fort loin, Monfieur,

fieur, d'être *un Français hors de fon élément*, car vous êtes très-gai.

Je conviens avec vous, qu'il faut fe réjouïr, & qu'il n'y a que cela de bon. Auffi je ferai comme vous. Je me moquerai, tant que je pourrai, des gens, qui fe font moqués de moi, *puifque cela re-jouït & ne fait aucun mal.*

Je fuis avec le plus profond refpect,

    Monfieur,

                Votre, &c.

Paris le 7 Juillet 1760.

EXTRAIT*

DE LA RÉPONSE

DE M. DE VOLTAIRE.

12 Juillet 1760.

Nous abrégeons à regret une Lettre charmante; mais M. Palissot ne nous a pas permis d'en extraire davantage. Le début en est trop flateur pour lui. Ce que bien d'autres s'empresseraient de rendre public, il le supprime, pour ne pas ressembler à bien d'autres. Nous n'avons transcrit sur l'original que les choses, qui ont le plus de rapport avec ce qui précéde. †

.   .   .   .

.   .   .   .

.   .   .   .

. . . J'ai lû les vers du Russe sur les merveilles du siècle. Il y a une note, qui vous regarde. On dit, que vous vous repentez d'avoir assommé ces pauvres Philosophes, qui ne vous disaient mot. Il est beau et bon de ne point mourir dans l'impénitence finale; pardonnez à ce pauvre Russe, qui veut ab-

solument,

---

† Il eût été à souhaiter, que Mr. Palissot ne nous eût pas privés de ce début de Mr. de Voltaire.

folument, que vous ayez tort d'avoir infinué, que mes chers Philofophes enfeignent à voler dans la poche. On prétend, que c'eft M. F. . . Curé de V. . . qui volait fes pénitentes en couchant avec elles, & fes pénitens en les confeffant. Dieu veuille avoir fon ame !

A l'égard de la vôtre, je voudrais, qu'elle fût plus douce avec mes Encyclopédiftes, qu'elle me pardonnât toutes mes mauvaifes plaifanteries, & qu'elle fût heureufe.

Je vous dirai ce que je viens d'écrire à . . . Il y avait une vieille dévote très-acariâtre, qui difait à fa voifine, Je te cafferai la tête avec ma marmite. Qu'as-tu dans ta marmite ? dit la voifine. Il y a un bon chapon gras, répondit la dévote. Eh bien ! mangeons-le enfemble, dit l'autre. * Je confeille aux Encyclopédiftes, J. . . . M. . . . . à vous tout le premier, & à moi, d'en faire autant. **

Voilà une . . guerre depuis le chien de difcours de L. F. jufqu'à la vifion.

* „Ma foi, Juge & Plaideurs, il faudrait tout lier.„
** M. DE VOLTAIRE a raifon.

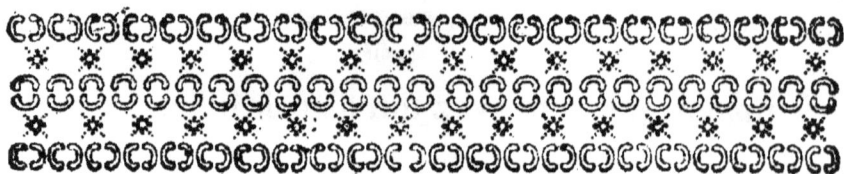

LETTRE

DE M. PALISSOT

A UN JOURNALISTE,

*A l'occasion de celle, que **M. Dalembert** a fait insérer dans les Journaux.*

Monsieur Dalembert a raison, Monsieur; ce n'est que par une méprise de copiste, qu'il est question d'un de ses ouvrages dans la Préface de ma Comédie. *a)* J'ai corrigé cette erreur sur l'exemplaire, que j'ai envoyé, il y a près de quinze jours, à M. de Voltaire; & j'ai d'ailleurs, dans la Lettre, que j'ai écrite à ce grand homme, rendu toute la justice, que l'on doit aux talens & aux profondes connaissances de M. Dalembert.

b) J'ai corrigé aussi de ma main une autre erreur toute semblable, qui tombait sur M. Diderot. Il n'a point dit, que *les animaux ont une ame capable de toutes les opérations de l'esprit de l'homme, de concevoir,*

---

a) Mr. Palissot s'est rendu le délateur de Mr. d'Alembert, il devait donc au moins ne se pas tromper dans sa délation.

b) Mr. Palissot s'est rendu le délateur de Mr. Diderot, il devait donc ne pas accuser faussement Mr. Diderot.

cevoir, d'affembler les penfées, d'en tirer une jufte conféquence. Il y a des propofitions infiniment plus
hardies que celle-là dans le livre de *l'Interprétation
de la nature*, & qui tendent auffi à établir, qu'entre
l'animal & l'homme il n'y a pas de *divifion réelle ;*
mais la propofition, que je viens de rapporter, ne fe
trouve littéralement que dans les Lettres Juives.

Celle, que l'on avait imputée par méprife à M.
Dalembert, n'eft point du Difcours préliminaire du
Dictionnaire Encyclopédique, tom. 1. Elle eft du
tome 7, pag. 789, au mot *Gouvernement*, à l'ex-
ception de ces paroles, *l'inégalité des conditions eft
un droit barbare*, qui ne devaient pas être compri-
fes dans la citation. On avait voulu feulement rapprocher ce principe du Philofophe de Genève,
d'une propofition, qui paraît être fa conféquence im-
médiate.

Cet article *Gouvernement c)* eft d'un homme d'un
mérite rare, qu'il ne faut pas confondre avec les
Philofophes, dont les fyftêmes devaient être expo-
fés au ridicule du Théâtre. Une propofition con-
damnable ne peut être échappée que par inadver-
tance à M. le Chevalier de *Jaucourt*, qui a dépofé
beaucoup de vérités utiles dans un livre, où tant d'autres n'ont repandu que des erreurs dangereufes.

On m'a reproché, Monfieur, d'avoir puifé mes
citations ailleurs que dans l'Encyclopédie. Il eft
fingu-

---

c). Mr. Paliffot s'eft rendu le délateur de Mr. le Chevalier de Jaucourt ; il fe tire mal de fon accufation.

ſingulier, que l'on me faſſe un tort d'un ménagement. J'ai fait une Comédie contre les faux Philoſophes en général, ou plutôt contre la fauſſe Philoſophie. Si je n'avais eu que l'Encyclopédie pour
objet, j'aurais intitulé ma Piéce : *les Encyclopédiſtes*.
Mais non, Monſieur, il entrait dans mes vûes de
rendre l'erreur ridicule par-tout, où je croyais la dé-
couvrir. Spinoſa, Collins, Hobbes, Mandeville, &c.
appartenaient à mon plan beaucoup plus encore que
leurs imitateurs.

J'ai donc pû ſans conſéquence citer un ou deux
ouvrages de M. de la Métrie, tels que l'*Homme
plante*, & le *Diſcours ſur la Vie heureuſe*. Il eſt
vrai, que M. de Voltaire m'a fait l'honneur de m'écrire, à propos de ce dernier ouvrage, qu'il n'avait pas
plus de rapport à la Philoſophie que le Portier des
Chartreux à l'Hiſtoire de l'Egliſe ; mais M. de Voltaire me permettra de lui rappeller un extrait du
Mercure de France, Juin, 1753, 1. vol. p. 43.

„*Diſcours ſur la Vie heureuſe, imprimé à Poſtzdam*
„*en* 1748. L'auteur Déiſte dit, que nous ſommes
„tout corps ; qu'il eſt démontré par mille preuves
„ſans replique, qu'il n'y a qu'une vie & qu'une fé-
„licité ; que la vraie Philoſophie n'admet qu'un
„bonheur temporel ; qu'il n'y a en foi ni vice,
„ni vertu, ni bien ni mal moral, ni juſte ni
„injuſte ; & il traite d'ignorans, de fanatiques &
„de bêtes arrogantes ceux, qui n'adoptent pas ces
„maximes.

Toutes

Toutes ces queſtions ſur le bien, ſur le mal moral, ſur le juſte, ſur l'injuſte, ſur la nature du bonheur, (& c'eſt l'objet eſſentiel de ce Diſcours,) ſont
aſſurément du reſſort de la Philoſophie.

Au reſte, Monſieur, que la petite guerre ceſſe,
& que les partiſans de l'Encyclopédie ne tirent aucun avantage, & des ménagemens, que j'ai eus, &
de quelques mépriſes de copiſte. *d*) Je connais
beaucoup les ouvrages, dont j'ai parlé, & je ne lis
point les extraits d'Abraham Chaumeix, ni ceux du
Journal Encyclopédique. En ne conſultant que ma
mémoire, j'aurais fait plus de citations ; mais je
n'ai pas voulu me fier à ſa fidélité. J'ai ſous mes
yeux l'Encyclopédie & quelques autres Livres. *e*)
Je peux donner une nouvelle édition de ma Préface ; & ſi les citations amuſent, j'en porterai le nombre juſqu'à mille & une. Abſurdités pour abſurdités, cela pourrait divertir autant que les *Contes
Arabes*.

d) Monſieur Paliſſot dans la préface d'une froide Comédie inſére douze chefs d'accuſation, douze corps de
délits, douze délations criminelles, qui toutes ſont fauſſes ; & il en eſt quitte pour dire, que ce ſont des fautes
de copiſte.

e) C'eſt-à-dire, que Mr. Paliſſot, qui a été délateur, veut
être délateur encore. Voilà un joli métier.

FRAG-

FRAGMENT

D'UNE

LETTRE SUR DIDON,

TRAGÉDIE.

Plusieurs personnes ayant à l'envi rendu Mr. Le Franc de Pompignan célèbre, & tout Paris parlant de lui, j'ai voulu le lire ; j'ai trouvé sa *Didon* ; je n'ai pû encor aller au-delà de la première scène ; mais j'espère poursuivre avec le temps : cette première scène m'a parû un chef-d'œuvre. Iarbe déclare d'abord :

> Que ses ambassadeurs irrités & confus
> Trop souvent de la Reine ont *subi* les refus :
> Qu'il *contient* cependant la fureur, qui l'anime,
> Que déguisant encor son dépit *légitime*,
> Pour la dernière fois en *proie* à ses hauteurs,
> Il vient sous le *faux nom* de ses ambassadeurs,
> Au milieu de la cour d'une Reine étrangère,
> D'un refus obstiné pénétrer le mistère.
> Que sçait-il ? n'écouter qu'un transport amoureux,
> Se découvrir lui-même, & déclarer ses feux.

Maderbal, officier de la Reine étrangère, lui répond :

> Vos feux ! que dites-vous ? Ciel, quelle est ma surprise !

Ce

Ce Maderbal en effet peut être furpris, pour peu qu'il fache la langue Françaife, que des ambaffadeurs *fubiffent* des refus.   Et

> Que le Prince Jarbe en *proie à* des hauteurs
> Vienne fous le *faux nom* de fes ambaffadeurs.

Car ce Maderbal doit croire, que ces ambaffadeurs ont un faux nom, & que ce Jarbe prend les noms de trois ou quatre ambaffadeurs à la fois.   Jarbe lui replique :

> Je pardonne fans peine à ton étonnement;
> Mais aprends aujourd'hui l'excès de mon tourment:
> J'ai quitté malgré moi *les bords* de Géthulie.

C'eft comme fi on difait, J'ai quité *les bords* de Quercy, qui eft au milieu des terres.   Enfuite il aprend à cet officier,

> Qu'il vient peut-être épris d'une flamme trop vaine,
> *Tenter* lui-même encor cette fuperbe Reine.

Aparemment que la tentation n'a pas réuffi; car il ajoute ;

> Que fes foldats & fes vaiffeaux
> Couvriront autour d'elle & la terre & les eaux.
> L'amour conduit mes pas, la haine peut les fuivre &c.

Maderbal toûjours étonné de ce qu'il entend, & furtout d'une haine, qui va fuivre les pas de Jarbe, lui répond :

> Non, je ne reviens point de ma furprife extrême.

Je

Je fuis comme Maderbal, je ne reviens point de ma furprife, de lire de tels difcours & de tels vers. Le ftile eft un peu de Gafcogne.

> . . . . . Je *fus* (*dit Jarbe*) dans nos deferts
> Enfevelir la honte, & le poids de mes fers.

L'auteur, qui *fut* de Montauban à Paris donner cet ouvrage, fut affez mal confeillé. Je ferai ce que je pourrai pour achever la piéce; je fuis déja édifié de fon épitre dédicatoire, dans laquelle il fe compare, avec fa modeftie ordinaire, au Cardinal de Richelieu; & j'avoüe, qu'en fait de vers le Gafcon peut s'égaler au Poitevin. . . .

On donnera bientôt une fuite de ces Lettres.

DIALOGUE

ENTRE

UN BRACMANE

ET

UN JESUITE

SUR LA NECESSITE' ET L'EN-
CHAINE'MENT DES
CHOSES.

DIALOGUE

Entre un Bracmane & un Jéfuite fur la Neceffité & l'Enchaînement des chofes.

LE JESUITE.

C'eft apparemment par les priéres de Saint François Xavier, que vous êtes parvenu à une fi heureufe & fi longue vieilleffe ? Cent quatre-vingt ans ! Cela eft digne du tems des Patriarches.

LE BRACMANE.

Mon Maître Fonfouka en a vécu trois cent ; c'eft le cours ordinaire de notre vie. J'ai une grande eftime pour François Xavier, mais fes priéres n'auraient jamais pû déranger l'ordre de l'Univers ; & s'il avoit eu feulement le don de faire vivre une mouche un inftant de plus, que ne le portait l'enchaînement des Deftinées, ce Globe-ci ferait toute autre chofe que ce que vous le voyez aujourdhui.

LE JESUITE.

Vous avez une étrange opinion des futurs contingens. Vous ne favez donc pas, que l'homme eft libre, que notre volonté difpofe à notre gré de tout

ce

ce qui fe paffe fur la terre. Je vous affure, que les feuls Jéfuites y ont fait pour leur part des change- mens confiderables.

LE BRACMANE.

Je ne doute pas de la fcience & du pouvoir des Révérends Péres Jéfuites; ils font une partie fort eftimable de ce monde, mais je ne les en crois pas les Souverains. Chaque homme, chaque être, tant Jéfuite que Bracmane, eft un reffort de l'Univers; il obéit à la deftinée & ne lui commande pas. A quoi tenait-il que Gingiskam conquit l'Afie? A l'heure, à laquelle fon pére s'eveilla un jour en cou- chant avec fa femme, à un mot, qu'un Tartare avait prononcé quelques années auparavant. Je fuis, par Exemple, tel que vous me voyez, une des caufes principales de la mort déplorable de votre bon Roy Henry IV & vous m'en voyez encore affligé.

LE JESUITE.

Votre Révérence veut rire aparemment? Vous la caufe de l'affaffinat de Henry IV.

LE BRACMANE.

Hélas! oui, c'etoit l'an neuf cent quatre vingt trois mille de la revolution de Saturne, qui revient à l'an cinq cent cinquante de votre Ere; j'etois jeu- ne & étourdi; je m'avifai de commencer une petite promenade du pied gauche au lieu du pied droit

fur

fur la côte de Malabar; & de la fuivit évidemment la mort de Henry quatre.

LE JESUITE.

Comment cela? je vous fupplie. Car nous, qu'on accufait de nous être tournés de tous les côtés dans cette affaire, nous n'y avons aucune part.

LE BRACMANE.

Voici, comme la deftinée arrangea la chofe en avançant le pied gauche, comme j'ai l'honneur de vous le dire, je fis tomber malheureufemens dans l'eau mon ami, ERIBAN, Marchand Perfan, qui fe noya. Il avait une fort jolie femme, qui convola avec un Marchand Arménien; elle eut une fille, qui epoufa un Grec. La fille de ce Grec s'établit en France & epoufa le Pere de Ravaillac. Si tout cela n'étoit pas arrivé, vous fentez, que les affaires des Maifons de France & d'Autriche auraient tourné différemment; le Syftéme de l'Europe aurait changé. Les guerres entre l'Allemagne & la Turquie auraient eu d'autres fuites. Ces fuites auraient influé fur la Perfe, la Perfe fur les Indes. Vous voyez, que tout tenait à mon pied gauche, lequel était lié à tous les autres événemens de l'Univers, paffés, préfents & futurs.

LE JESUITE.

Je veux propofer cet argument à quelqu'un de nos Péres Theologiens, & je vous aporterai la folution.

LE

LE BRACMANE.

En attendant je vous dirai encore, que la Servante du grand pére du Fondateur des Feuillants (car j'ai lu vos hiftoires) était auffi une des caufes neceffaires de la Mort de Henry quatre, & de tous les accidents, que cette mort entraîna.

LE JESUITE.

Cette Servante là était une maîtreffe femme!

LE BRACMANE.

Point du tout: c'était une idiote, à qui fon maître fit un enfant. Madame de la Barriere en mourut de chagrin. Celle, qui lui fucceda, fut, comme difent nos Chroniques, la grand-mére du bienheureux Jean de la Barriere, qui fonda l'ordre des Feuillants; Ravaillac fut Moine dans cet ordre: il puifa chez eux certaine doctrine fort à la mode alors, comme vous favez. Cette doctrine lui perfuada, que c'était une bonne œuvre d'affaffiner le meilleur Roy du monde: le refte eft connu.

LE JESUITE.

Malgré vôtre pied gauche, & la Servante du grand-pére du Fondateur des Feuillants, je croirai toujours, que l'action horrible de Ravaillac était un futur contingent, qui pouvait fort bien ne pas arriver. Car enfin la volonté de l'homme eft libre.

LE BRACMANE.

Je ne fai pas ce que vous entendez par une Voonté libre. Je n'attache point d'idée à ces paroles:

les: tout ce que je fai, c'eſt que Ravaillac commit volontairement le crime, qu'il était deſtiné à faire par des loix immuables. Ce crime était un chaî‐non de la grande chaine des deſtinées.

LE JESUITE.

Vous avez beau dire: les choſes de ce monde ne font pas ſi liées enſemble, que vous penſez. Que fait, par exemple, au reſte de la machine la con‐ſervation inutile, que nous avons enſemble, ſur le ri‐vage des Indes?

LE BRACMANE.

Ce que nous diſons, vous & moi, eſt peu de choſe ſans doute; mais ſi vous n'etiez pas ici, toute la ma‐chine du monde ferait autre, qu'elle n'eſt.

LE JESUITE.

Votre Révérence Bramine avance là un furieux paradoxe.

LE BRACMANE.

Votre Paternité Ignatienne en croira ce qu'elle voudra. Mais certainement nous n'aurions pas cette converſation, ſi vous n'étiez venu aux Indes. Vous n'auriez pas fait ce voyage, ſi votre S. Ignace de Loyola n'avait pas été bleſſé au ſiége de Pampe‐lune, & ſi un Roi de Portugal ne s'était obſtiné à faire doubler le Cap de Bonne‐Eſpérance. Ce Roi de Portugal n'a‐t‐il pas avec le ſecours de la Bouſſole changé la face du monde? Mais il faloit qu'un Na‐politain eut inventé la Bouſſole; & puis dites, que tout n'eſt pas éternellement aſſervi à un ordre con‐

ſtant,

ſtant, qui unit par des liens inviſibles & indiſſolubles tout ce qui naît, tout ce qui agit, tout ce qui ſouffre, tout ce qui meurt, ſur notre Globe.

LE JESUITE.

Eh! que deviendront les futurs Contingens?

LE BRACMANE.

Ils deviendront ce qu'ils pourront, mais l'ordre établi par une main éternelle & toute puiſſante doit ſubſiſter à jamais.

LE JESUITE.

A vous entendre, il ne faudroit donc point prier Dieu.

LE BRACMANE.

Il faut l'adorer. Mais qu'entendez-vous par le prier?

LÉ JESUITE.

Ce que tout le monde entend: qu'il favoriſe nos deſirs, qu'il ſatisfaſſe à nos beſoins.

LE BRACMANE.

Je vous comprends. Vous voulez, qu'un Jardinier obtienne du Soleil dans le tems, que Dieu a deſtiné de toute éternité pour la pluye; et qu'un Pilote ait un vent d'Eſt, lors qu'il faut que le vent d'Occident rafraîchiſſe la terre & les mers? Mon Pere, prier, c'eſt ſe ſoumettre à Dieu. La deſtinée m'appelle à préſent auprès de ma Bramine.

LE JESUITE.

Ma volonté libre me preſſe d'aller donner leçon à un jeune Ecolier.

EXTRAIT

EXTRAIT

Des nouvelles à la main de la ville de Montauban en Quercy le 1er. Juillet 1760.

Le mémoire de Mr. Le Franc de Montauban présenté au Roi étant parvenu à Montauban, & chacun étant stupéfait, les parents du Sr. auteur du mémoire s'assemblèrent, & ayant reconnu, que ledit Sr. instruisait familiérement Sa Majesté de ses gestes, dits, & écrits; qu'il parlait au Roi des entretiens amiables, que lui Sr. Le Franc avait eus avec Mr. d'Aguessau, qu'il aprenait au Roi, qu'il avait eu une bibliothéque à Montauban, & de plus, qu'il faisait des vers, ayant remarqué dans ledit écrit plusieurs autres passages, qui dénotaient une tête attaquée; ils députèrent en poste un avocat de ladite ville au Sr. auteur, demeurant pour lors à Paris, & lui enjoignirent de s'informer exactement de sa santé, & d'en faire un raport juridique. Ledit avocat accompagné d'un témoin irréprochable, alla à Paris, & se transporta chez le malade: il le trouva debout à la vérité, mais les yeux un peu égarés, & le pouls élevé. Le patient cria d'abord devant les deux députés *Jeovah Jupiter Seigneur.* *

F 5 * Je

* Prière du Déïste composée par ledit Sr.

Je ne fuis qu'un avocat, répondit le voyageur;
je ne m'apelle point *Jeovah*. Avez-vous vû le Roi?
dit le malade: Non, Monfieur, je viens vous voir:
Allez dire au Roi de ma part, reprit le Sr. malade,
qu'il relife mon mémoire, & portez lui le catalogue
de ma bibliotheque. L'avocat lui confeilla de manger de bons potages, de fe baigner & de fe coucher
de bonne heure. A ces mots le patient eut des
convulfions, & dans l'accès il s'écria:

> Créateur de tous les Etres,
> Dans ton amour paternel,
> Pour nous former tu pénètres
> Dans l'ombre du fein maternel. *

Eh! Monfieur, dit l'avocat, pourquoi me citez-
vous ces déteftables vers, quand je vous parle raifon? Le malade écuma à ce propos, & grinçant
les dents, il dit:

> Le cruel Amalec tombe †
> Sous le fer de Jofué;
> L'orgueilleux Jabin fuccombe
> Sous le fer d'Abinoé.
> Iffacar a pris les armes:
> Zabulon court aux allarmes.

L'avocat verfa des larmes en voyant l'état lamen-
table du patient; il retourna à Montauban faire fon
raport juridique, & la famille étant certaine, que le
malade était *mentis non compos*, fit interdire le Sr.
Le Franc de Pompignan, jufqu'à ce qu'un bon régi-
me pût rétablir la fanté d'icelui.

* Poëfies facrées dudit auteur, pag. 61.
† Ibid. pag. 87.

REFLEXIONS

POUR LES SOTS.

Si le grand nombre gouverné était compofé de bœufs, & le petit nombre gouvernant, de bouviers, le petit nombre ferait très-bien de tenir le grand nombre dans l'ignorance.

☙ ☙ ☙

Mais il n'en eft pas ainfi. Plufieurs nations, qui longtemps n'ont eu que des cornes, & qui ont ruminé, commencent à penfer.

☙ ☙ ☙

Quand une fois ce tems de penfer eft venu, il eft impoffible d'ôter aux efprits la force, qu'ils ont acquife; il faut traiter en êtres penfants ceux, qui penfent, comme on traite les brutes en brutes.

☙ ☙ ☙

Il ferait impoffible aux Chevaliers de la jarretiére affemblés à l'hôtel de ville de Londres, de faire croire aujourd'hui, que St. George leur patron les regarde du haut du ciel, une lance à la main, monté fur un grand cheval de bataille.

Le

Le Roi *Guillaume*, la Reine *Anne*, *George I.*
George II. n'ont guéri perfonne des écrouelles.
Autrefois un Roi, qui aurait refufé de fe fervir
de ce faint privilège, eût révolté la nation; aujourd'hui, un Roi, qui en voudrait ufer, ferait rire la
nation entiére.

Le fils du grand *Racine*, dans un poëme intitulé *La Grace*, s'exprime ainfi fur l'Angleterre :

L'Angleterre, où jadis brilla tant de lumiére,
Recevant aujourd'hui toutes Religions,
N'eft plus qu'un trifte amas de folles vifions.

Monfieur *Racine* fe trompe ; l'Angleterre fut plongée dans l'ignorance & le mauvais goût, jufqu'au
temps du Chancelier *Bacon.* C'eft la liberté de
penfer, qui a fait éclorre chez les Anglais tant d'excellens livres : c'eft parce que les efprits ont été
éclairés, qu'ils ont été hardis: c'eft parce qu'ils ont
été hardis, qu'on a donné des prix à ceux, qui feraient paffer les mers à leurs bleds; c'eft cette liberté, qui a fait fleurir tous les arts, & qui a couvert
l'Océan de vaiffeaux.

A l'égard des *folles vifions,* que leur reproche
l'auteur du poëme fur *la grace,* il eft vrai, qu'ils
ont abandonné la difpute fur la grace efficace &
fuffi

suffisante & concomitante ; mais en récompense, ils ont donné les logarithmes, la position de trois mille étoiles, l'aberration de la lumiére, la connaissance physique de cette lumiére même, le calcul, qu'on appelle de *l'infini*, & la loi mathématique, par laquelle tous les globes du monde gravitent les uns sur les autres. Il faut avouer, que la Sorbonne, quoique très-supérieure, n'a pas encor fait de telles découvertes.

CꙨ CꙨ CꙨ

Cette petite envie de se faire valoir en invectivant contre son siècle, en voulant ramener les hommes de la nourriture du pain à celle du gland, en répétant sans cesse, & hors de propos de misérables lieux communs, ne fera pas fortune dorefnavant.

CꙨ CꙨ CꙨ

Il est ridicule de penser, qu'une nation éclairée ne soit pas plus heureuse qu'une nation ignorante.

CꙨ CꙨ CꙨ

Il est affreux d'insinuer, que la tolérance est dangereuse, quand nous voyons à nos portes l'Angleterre & la Hollande peuplées & enrichies par cette tolérance, & de beaux royaumes dépeuplés & incultes par l'opinion contraire.

CꙨ CꙨ CꙨ

La persécution contre les hommes, qui pensent librement, ne vient pas de ce qu'on croit ces hommes
mes

mes dangereux ; car affurément aucun d'eux n'a jamais ameuté quatre gredins dans la place Maubert, ni dans la grand'falle. Aucun philofophe n'a jamais parlé ni à *Jaques Clément*, ni à *Barriére*, ni à *Châtel*, ni à *Ravaillac*, ni à *Damien*.

Aucun philofophe n'a empêché, qu'on payât les impôts néceffaires à la défenfe de l'Etat ; & lorfqu'autrefois on promenait la Châffe de *Ste. Geneviéve* par les rües de Paris pour avoir de la pluïe ou du beau temps, aucun philofophe n'a troublé la proceffion ; & quand les convulfionnaires ont demandé les faints fecours, aucun philofophe ne leur a donné des coups de buche.

CO CO CO

Quand les Jéfuites ont employé la calomnie, les confeffions & les Lettres de cachet, contre tous ceux, qu'ils accufaient d'être Janféniftes , c'eft-à-dire, d'être leurs ennémis; quand les Janféniftes fe font vengés enfuite, comme ils ont pû, des infolentes perfécutions des Jéfuites, les philofophes ne fe font mêlés en aucune façon de ces querelles; ils les ont rendües méprifables, & par là ils ont rendu à la nation un fervice éternel.

CO CO CO

Si une bulle écrite en mauvais Latin, & fcêlée de l'anneau du pécheur, ne décide plus du deftin

d'un

d'un Etat; fi un Légat *du côte* ne vient plus donner des ordres à nos Rois & lever des décimes fur nos peuples; à qui en a-t-on obligation ? aux maximes du Chancelier de l'*Hôpital*, qui était philofophe, aux écrits de *Gerfon*, qui était auffi philofophe, aux lumiéres de l'Avocat général *Cugniéres*, qui paffa pour un philofophe, & furtout aux folides écrits de nos jours, qui ont jetté un fi énorme ridicule fur la fottife de nos pères, qu'il eft déformais impoffible à leurs enfans d'être auffi fots qu'eux.

CƆ CƆ CƆ

Les vrais gens de Lettres & les vrais philofophes ont beaucoup plus mérité du genre humain, que les *Orphées*, les *Hercules* & les *Théfées*; car il eft plus beau & plus difficile d'arracher des hommes civilifés à leurs préjugés, que de civilifer des hommes groffiers, plus rare de corriger que d'inftituer.

CƆ CƆ CƆ

D'où vient donc la rage de quelques bourgeois & de quelques petits écrivains fubalternes contre les citoyens les plus eftimables & les plus utiles ? C'eft que ces bourgeois & ces petits écrivains ont bien fenti dans le fond de leur cœur, qu'ils étaient méprifables aux yeux des hommes de génie, c'eft qu'ils ont eu la hardieffe d'être jaloux: un homme accoutumé à être loué dans l'obfcurité de fon petit

cercle

cercle devient furieux, quand il eſt mépriſé au grand jour.

CƆ CƆ CƆ

Aaman voulut faire pendre tous les Juifs, parce que *Mardochée* ne lui avait pas fait la revérence. *Acantos* voudrait faire brûler tous les ſages, parce qu'un ſage a dit, qu'un diſcours d'*Acantos* ne valait rien.

CƆ CƆ CƆ

O Acantos! fai relier en maroquin les méditations du révérend père *Croiſet*; & s'il parait un bon livre, cours le dénoncer à ceux, qui ne le liront pas; fai brûler un ouvrage utile, les étincelles t'en ſauteront au viſage.

L'ASSEMBLEE

DES

MONOSYLLABES.

AVERTISSEMENT.

Le Sieur L. F. *Auteur de la priére du Déiste, que l'on trouvera ici, & du voyage de Provence, ayant été enfin admis à l'Académie Française, fit attendre six mois sa harangue de remerciment, & la prononça enfin le 10 Mars 1760. Mais au lieu de remercier l'Académie, il fit un long discours contre les belles-lettres, & contre l'Académie, dans lequel il dit,* que l'abus des talens, le mépris de la Religion, la haine de l'autorité font le caractère dominant des productions de ses confrères, que tout porte l'empreinte d'une littérature dépravée, d'une morale corrompüe & d'une philosophie altiére, qui sappe également le Thrône & l'Autel; que les gens de lettres déclament tout haut contre les richesses, (parce qu'on ne déclame point tout bas,) & qu'ils portent envie secrettement aux riches, &c.

Cet étrange discours si déplacé, si peu mesuré, si injuste, valut au Sieur L. F. les piéces, qu'on va lire.

Le Sieur L. F. au lieu de se retracter honnétement, comme il le devait, composa un mémoire justificatif, qu'il dit avoir présenté au Roi, & il s'exprime ainsi dans ce Mémoire : Il faut que l'Univers sache, que

C

le Roi s'eſt occupé de mon Mémoire, &c. *Il dit en-ſuite,* un homme de ma naiſſance. *Ayant pouſſé la modeſtie à cet excès, il voulut encore avoir celle de faire mettre au titre de ſon Ouvrage :* Mémoire de M. L. F. imprimé par ordre du Roi; *mais comme ſa Majeſté ne fait point imprimer les ouvrages, qu'elle ne peut lire, ce titre fut ſupprimé : cette démarche lui attira* l'Epitre d'un frére de la Charité, *qu'on trouvera auſſi dans ce Recueil.*

L E S

LES SI.

SI on n'est pas Homme de Lettres, quoiqu'on ait beaucoup lu & beaucoup écrit, quoiqu'on possède les langues & qu'on ait fouillé les ruines de l'antiquité, quoiqu'on soit Orateur, Poëte ou Historien, on l'est encore moins, lorsqu'on n'a qu'une erudition superficielle, qu'on ignore l'Antiquité, qu'on n'est pas Historien, & qu'on se réduit à n'être qu'un Rhéteur emporté & un Poëte médiocre.

Si on n'est pas Philosophe, pour avoir fait des Traités de Morale & de Métaphysique, atteint les hauteurs de la Géométrie, & revele les secrets de l'Histoire naturelle, on l'est encore moins, lorsqu'on ignore ces choses & qu'on s'avise d'insulter à ceux, qui les savent.

Si, pour être Homme de Lettres & Philosophe, il faut être vertueux & Chrétien, Homère & Horace n'étaient pas Hommes de Lettres, Socrate & Platon n'étaient pas Philosophes.

Si la haine de l'autorité était le caractère dominant des productions de notre littérature, il faudrait faire

con-

connaître & punir les Auteurs féditieux, qui confacreraient dans leurs Ouvrages l'efprit de révolte & e mépris des loix; mais fi les Gens de Lettres ne font pas coupables de ces excès, fi c'eft le fanatifme même de leurs perfécuteurs, qui a mis le poignard aux mains d'un parricide, il faut avoir en horreur celui, qui les calomnie.

Sɪ les Gens de Lettres étaient féditieux, ils le feraient fans prétexte & fans intérêt; mais fi ceux, qui les accufent de fédition, attentaient à l'autorité du Souverain, ils auraient des prétextes, qu'on a fouvent fait valoir, & des intérêts, qu'on n'a jamais négligés.

Sɪ un homme, qui accufe les Philofophes de vouloir fapper les fondemens du Trône & de haïr l'autorité, avait peint de couleurs odieufes une recherche des poffeffions des Citoyens, fagement ordonnée par le Souverain; s'il avait appellé cette recherche *un genre d'Inquifition* a), *reffemblant à un denombrement d'efclaves;* fi ce même homme avait ofé envenimer, par une ironie infolente & injufte, l'attention, que fon Roi a donnée à des effais d'Agriculture; fi diffimulant ce qu'il y a de louable dans ces attentions vraiment dignes d'un Monarque, il n'y avait trouvé qu'une occafion de lui dire avec amertume: *Sire, des fpéculations,* b) *des machines, qu'on*

a) Dans un Difcours imprimé du Sieur le Franc de Pompignan.
b) *Ibid.*

qu'on vous préfente, des effais faits fous vos yeux ne rendront pas nos champs moins incultes ; le Parc de Verfailles ne décide point de l'état de nos Campagnes.

Cet homme, après avoir infulté de la forte à l'autorité, ne ferait-il pas bien imprudent d'accufer des Citoyens paifibles & foumis, de haine pour l'autorité?

Si un Prince *s'exagére les malheurs de fes peuples,* qui n'ont pas befoin d'être exagérés, pour être fentis, il ne faut pas dire, que ce fentiment de bonté du Monarque *fuffit pour adoucir les malheurs de fes Sujets,* parce que la bonté des Princes doit être agiffante comme celle de la Divinité, & qu'une pareille maxime tendrait à la détourner d'agir; mais heureufement nos Princes ne fe conduifent pas d'après les maximes de l'Auteur du difcours.

Si un homme, dont l'intérêt guide toutes les démarches, veut flatter l'autorité, après l'avoir publiquement infultée, il ne doit pas fe permettre de paffer fans intervalle au dernier degré de la flatterie; parce que celui, qu'il voudrait flatter, n'ayant pas oublié l'infulte, verrait trop clairement, que le changement dans le ton ne prouve autre chofe qu'un changement dans les intérêts.

Si les gens de lettres font divifés entre eux, il faut regarder cette divifion comme une fuite de la faibleffe humaine, & ne pas s'en prévaloir, pour décrier la littérature ; mais fi ceux, qui déchirent les

gens

gens de lettres font animés du même efprit que l'Auteur du difcours, fi ce déclamateur leur donne lui-même l'exemple de cette fureur, de quel front ofe-t-il la reprocher à fon fiècle?

Sɪ quelque homme de Lettres s'éléve contre ce que la naiffance & les dignités ont *de plus éminent,* en écrivant une fatyre perfonnelle, un Gouvernement modéré le punira en proportionnant la peine à l'injure & en eftimant l'injure avec équité; mais fi quelques gens de Lettres fuyent le commerce des Grands, s'ils ne font pas de vils flateurs, s'ils jugent l'homme au travers de fon rang, s'ils écrivent, que tous les hommes font égaux; il faudra eftimer ces fentimens en eux, ou ne pas les calomnier, lorfqu'on ne peut y atteindre.

Sɪʟ *ne faut pas afficher dans le Sanctuaire des Lettres l'anathême, qui les profcrit,* que doit-on dire d'un difcours à l'Académie, qui n'eft qu'une fatyre des Lettres & de ceux, qui les cultivent?

Sɪ les Bibliothéques formées des ouvrages de notre fiècle n'étaient qu'un recueil d'écrits fcandaleux, frivoles ou infolens, on pourrait y trouver *la prière du Déifte, le voyage de Provence, &c. & le Difcours prononcé le 10. Mars à l'Académie Françaife.*

Sɪ l'Auteur de ce Difcours n'était pas fort touché de l'honneur, qu'on lui faifait en le recevant dans une compagnie refpectable, il pouvait cependant s'abbaiffer aux expreffions de la reconnaiffance,

que

que les Corneilles & les Racines ont employées, il ne devait pas dire à fes Confrères pour tout remerciment, *qu'il a été appellé par leurs fuffrages*, ou il devait ajouter, qu'il les avait déja demandés fans les obtenir.

Si la mort de M. de Maupertuis a été fort édifiante, il ne faut pas en prendre occafion de décrier la vie de quelques Philofophes, qui pourront mourir auffi chrétiennement que lui.

Si M. de Maupertuis a défavoué les conféquences, qu'on a voulu tirer de fes opinions Métaphyfiques fur l'effence de la Matière, & s'il s'eft juftifié, comme il a pû, fur le reproche d'irréligion, on peut croire, qu'il n'avait pas prévu ces conféquences, & qu'il était tout-à-fait revenu des principes, qu'on prétend qu'il avait affichés dans fa jeuneffe; mais il ne faut pas donner fa juftification comme une Formule, que doivent fuivre tous ceux, qui feront accufés de la forte : il ne faut pas dire, que celui, qui croit une Religion révélée, croit tout, parce que les Juifs, les Luthériens, les Calviniftes, les Sociniens même croyent à la *Révélation, prononcent ce mot* fi décifif, & ont encore beaucoup de chofes à croire ; & furtout il ne faut pas communiquer à l'Académie Françaife cette obfervation Théologique fauffe & déplacée *comme trop importante, pour la laiffer échapper.*

Si

Sɪ M. de Maupertuis a été accuſé de liberté de penſer, cet exemple même devait rendre l'Auteur du Diſcours plus circonſpeĉt dans ſes jugements, & plus retenu à former la même accuſation.

Sɪ la Religion n'était pas aſſez reſpeĉtée dans quelques Ecrivains modernes, il faudrait travailler à les convaincre & à les éclairer ; mais il ne faut ni calomnier les gens de Lettres, qui la reſpeĉtent ſans la prêcher, ni être la dupe de ceux, qui la prêchent ſans la reſpeĉter.

Sɪ l'Auteur du Diſcours prononcé à l'Académie, le 10 Mars 1760. n'a pas prévu l'opinion, qu'il a donnée de lui à beaucoup d'honnêtes gens, il eſt bien aveugle ; mais s'il l'a prévue, *illi robur & æs triplex.*

LES POURQUOI.

POURQUOI Mr. L. F. a-t-il été reçu à l'Académie? c'est qu'il a fait six mille petits Vers, dont personne ne fait un seul, & une Tragédie, dont on ne parle point hors du Théâtre, & que, lorsque les grands talens font rares, on a de l'indulgence pour les talens médiocres.

POURQUOI Mr. L. F. a-t-il employé la moitié de son Discours à déclamer contre l'Incrédulité & à décrier les gens de Lettres ? c'est que la réputation d'homme zélé peut lui devenir encore plus utile, que ne lui a été celle d'homme de Lettres.

POURQUOI a-t-il justifié si chaudement, sur l'article de la Religion, M. de Maupertuis, qui est mort & qu'on n'accusait plus ? pour rendre odieux ceux, qui vivent & qu'on accuse.

POURQUOI avance-t-il, qu'on ne peut être Philosophe sans être Chrétien? parce que ce n'est qu'en qualité de Chrétien qu'il peut prétendre à la Philosophie.

POURQUOI a-t-il fait une Instruction Chrétienne, au lieu d'une Harangue Académique? parce qu'il a composé son Discours, bien moins pour être récité à l'Académie, que pour être lu ailleurs.

POUR-

Pourquoi l'a-t-il débité avec tant de hardiesse? par la raison, que lorsqu'on insulte les gens chez eux, il faut les insulter hardiment, de peur d'être jetté par les fenêtres.

Pourquoi dit-il, que l'*Académie n'a reçu dans son sein que des esprits sages, pleins de sentimens épurés sur tout ce que fait l'objet de notre culte & de notre vénération?* pour faire entendre tout le contraire.

Pourquoi dit-il, que les gens de Lettres se déchirent? afin qu'on les déchire encore davantage.

Pourquoi dit-il, que les gens de Lettres enseignent à mépriser les plus grands modèles? Est-ce que les gens de Lettres méprisent Corneille & Bossuet? Pour reculer d'avance sur ses ouvrages le jugement des gens de Lettres.

Pourquoi dit-il, que les *gens de Lettres portent envie en secret aux Riches?* afin de se consoler de la privation de beaucoup de choses, que richesses lui laissent encore à envier aux gens de Lettres.

Pourquoi accuse-t-il les gens de Lettres de *s'élever avec une liberté cynique contre la naissance & les dignités?* pour trouver à sa haine pour les gens de Lettres un appui dans les personnes respectables par leur naissance & leurs dignités.

Pourquoi l'Auteur du Discours dit-il en 1760. que *le Roi s'exagère les malheurs de ses Sujets: que cela seul suffit pour les adoucir: que les Français chers à leur Maître ne peuvent jamais être malheureux;*

reux; après avoir dit en 1756. au Roi lui-même: *Sire, toutes les espèces d'Impôts sont accumulées sur vos Sujets..... ils y succombent.... ils sont traités plus impitoyablement que des Forçats.... on exerce sur eux des véxations horribles.... ayez pitié d'un peuple épuisé.... sortez de cette enceinte de Palais somptueux, de ce concours de Courtisans fastueux... Vous verrez un Empire, qui sera bientôt un Désert... les Terres sont semées dans les larmes & moissonnées dans l'affliction..... vos Sujets ont la certitude accablante d'être longtemps malheureux.* POURQUOI cet homme est-il ainsi en contradiction avec lui-même? ce n'est pas que la situation des Peuples soit devenue meilleure; mais c'est que la sienne a changé.

POURQUOI prenons-nous la peine d'écrire des Réflexions, que toutes les personnes raisonnables ont faites sur le Discours prononcé le 10 Mars? Pour faire bien comprendre à l'Auteur de ce Discours, que tout le monde n'est pas dupe du zèle affecté, qu'il a fait paraître; pour dénoncer au Public en sa personne une Secte nouvelle de faux dévots, qui menace également les Lettres & la tranquillité publique, & afin qu'on ne confonde pas les vrais dévots modérés & modestes, qu'il faut respecter, avec les dévots politiques & persécuteurs, qu'il faut détester.

☙ ☙ ☙

L'AS-

L'ASSEMBLÉE
DES MONOSYLLABES.

Les Pour, *les* Que, *les* Qui, *les* Quoi,
les Oui *&* *les* Non.

LES *POUR.*

Pour vivre un peu joyeusement,
　Croyez-moi, n'offensez personne ;
C'est un petit avis, qu'on donne
Au Sieur Le Franc de Pompignan.

　Pour plaire, il faut que l'agrément
Tous vos préceptes assaisonne.
Le Sieur Le Franc de Pompignan
Pense-t-il donc être en Sorbonne ?

　Pour instruire, il faut qu'on raisonne,
Sans déclamer insolemment ;
Sans quoi plus d'un sifflet fredonne
Aux oreilles d'un Pompignan.

　Pour prix d'un discours impudent
Digne des bords de la Garonne,
Paris offre cette couronne
Au Sieur Le Franc de Pompignan.

Dédié par le Sieur A. . . .

LES

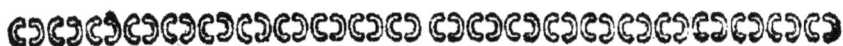

LES QUE.

Que Paul Le Franc de Pompignan
        Ait fait en pleine Académie
Un difcours très-impertinent,
Et qu'elle en foit toute endormie ;

        Qu'il ait bû jufques à la lie
Le calice un peu dégoutant
De vingt cenfures, qu'on publie,
Et dont je fuis affez content ;

        Que pour comble de chàtiment,
Quand le public le mortifie,.
Jean Fréron le béatifie,
Ce qui redouble fon tourment ;

        Qu'ailleurs un noir petit pedant
Infulte à la philofophie,
Et qu'il ferve de truchement
A Chaumeix, qui fe crucifie ;

        Que l'orgueil & l'hypocrifie
Contre les gens de jugement
Etalent une frénéfie,
Que l'on fiffle unanimement ;

Que parmi nous à tout moment
Cinquante espèces de folie
Se succèdent rapidement,
Et qu'aucune ne soit jolie ;

Qu'un Jésuite avec courtoisie
S'intrigue partout sourdement,
Et reproche un peu d'héréfie
Aux gens tenant le Parlement ;

Qu'un Janseniste ouvertement
Fronde la Cour avec furie ;
Je conclus très-pertinemment
Qu'il faut que le sage s'en rie.

Prononcé par le Sieur F. . . .

LES QUI.

Qui pilla jadis Métaſtaze,
  Et qui crut imiter Maron,
Qui bouffi d'oſtentation
Sur ſes écrits eſt en extaſe;

  Qui ſi longuement paraphraſe
David en dépit d'Apollon,
Prétendant paſſer pour un vaſe,
Qu'on appelle d'Election;

  Qui parlant à ſa nation,
Et l'inſultant avec emphaſe,
Penſe être au haut de l'Hélicon,
Lorſqu'il barbotte dans la vaſe;

  Qui dans plus d'une périphraſe
A ſes Maîtres fait la leçon;
Entre nous, je crois, que ſon nom
Pourrait ſe terminer en *aze*.

Offert par RAMPONEAU.

LES QUOI.

Q uoi ! toujours fiffler Pompignan,
     Avec fes chanfons Judaïques !
Grace, grace au vieux Teftament,
Grace aux difcours académiques.

Quoi! de ces odes Hébraïques,
Faut-il donc rire inceffamment ?
Refpectez, ricaneurs ciniques,
Le bel efprit de Montauban.

Quoi! ne peut-on patiemment
Souffrir des phrafes emphatiques ?
Amis, furtout, point de repliques;
Ennuyez vous chrétiennement.

Quoi! dans des têtes pacifiques
Verrai-je un tel acharnement ?
Pardonne, mon cher Pompignan,
A tes lecteurs trop véridiques.

Préfenté par ARNOUD.

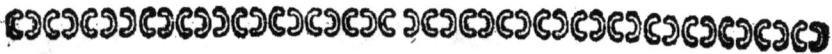

LES *OUI.*

Oui, ce Le Franc de Pompignan
Eſt un terrible perſonnage,
Oui, ſes Pſaumes font un ouvrage,
Qui nous fait bâiller longuement.

Oui, de province un Préſident
Plein d'orgueil & de verbiage,
Nous paraît un pauvre pédant,
Malgré ſon riche mariage.

Oui, tout riche qu'il eſt, je gage,
Qu'au fond de l'ame il ſe repent.
Son mémoire eſt impertinent.
Il eſt bien fier, mais il enrage.

Oui, tout Paris, qui l'enviſage
Comme un Seigneur de Montauban,
Le chanſonne, & rit au viſage
De ce Le Franc de Pompignan.

Eſſayé par MATHIEU BALLOT.

LES

LES *NON*.

Non, cher Le Franc de Pompignan,
    Quoi que je dife & que je faffe,
Je ne peux obtenir ta grace
De ton lecteur peu patient.

    Non, quand on a mauffadement
Infulté le public en face,
On ne fçaurait impunément
Montrer la fienne avec audace.

    Non, quand tu quitterais la place,
Pour retourner à Montauban,
Le fifflet partout fur ta trace
Te fuivrait fans ménagement.

    Non, fi le ridicule paffe,
Il ne paffe que faiblement.
Ces couplets feront la préface
Des ouvrages de Pompignan.

        Répondu par JAQUES AGARD.

EPITRE

À MADEMOISELLE

CLAIRON.

Belle Clairon, peintre de la Nature,

Je crois vous voir ſur ce brillant Theatre,

Où tout *Paris* de votre art idolatre,

Porte en tribut ſon eſprit & ſon coeur.

Vous recitez des vers plats & ſans grace,

Vous leur donnez la force & la douceur,

D'un froid recit vous echauffez la glace,

Les contre-ſens deviennent des raiſons,

Vous exprimez par vos ſublimes ſons,

Par vos beaux yeux, ce que l'Auteur veut dire,

Vous lui donnez tout ce qu'il croit avoir;

Vous exercez un magique pouvoir,

Qui fait aimer ce qu'on ne ſçauroit lire;

On bat des mains, & l'Auteur ébaudi

Se rémercie & penfe être applaudi.

Le voile tombe ; alors le charme ceffe.

. . . .

Vous cependant, au doux bruit des éloges,

Qui vont pleuvant de l'Orcheftre & des Loges,

Marchant en Reine & trainant après vous

Vingt Courtifans, l'un de l'autre jaloux,

Vous admettez près de votre toilette

Du noble effain la cohue indifcréte.

L'un dans la main vous gliffe un billet doux :

L'autre à *Paffy* vous propofe une Fête ;

Joffe avec vous, veut fouper tête a tête ;

Candale y foupe & rit tout bas d'eux tous.

On vous entoure, on vous preffe, on vous laffe ;

Le pauvre Auteur eft tapi dans un coin,

Se fait petit, tient à peine une place.

Certain Marquis l'appercevant de loin,

Dit:

Dit: Eh! *c'est vous*... *Bon jour, Monsieur* Pan-

crace,

Bon jour... *Vraiment, votre Piece a du bon.*

Pancrace fait reverence profonde,

Begaye un mot, a quoi nul ne repond,

Puis se retire & se croit du beau monde.

Un intendant des *Plaisirs* dits *menus,*

Chez qui les arts font toujours bien venus,

Grand connoisseur, & pour vous plein de zèle,

Vous avertit, que la Piece nouvelle

Aura l'honneur de paroître à la Cour.

Vous arrivez, conduite par l'amour:

On vous présente à la Reine, aux Princesses,

Aux vieux Seigneurs, qui dans leurs vieux propos

Vont regrettant le chant de la *Duclos*;

Vous recevez complimens & caresses;

Chacun accourt; chacun dit la voilà;

De

De tous les yeux vous êtes rémarquée;

De mille mains on vous verroit claquée;

Dans le Salon, fi le Roi n'étoit là.

Pancrace fuit; un gros Huiffier lui ferme

La porte au nez; il refte comme un terme,

La bouche ouverte & le front interdit.

- - - - - - - -

Il gratte, il gratte, il fe préfente, il dit:

Je fuis l'Auteur, *Helas! mon pauvre Hére,*

C'eft pour cela que vous n'entrerez pas.

Le malheureux, honteux de fa mifére,

S'esquive en hate, & murmurant tout bas,

De voir en lui les neuf Mufes bannies,

Du tems paffé regrettant les beaux jours;

Il rime encore & s'étonne toujours

Du peu de cas, quon fait des grands Genies.

Pour l'achever, quelque Compilateur,

Froid

Froid Gazetier, jaloux d'un froid Auteur.

Quelque. - - - - - - -

Vient l'entamer de sa dent mercenaire,

A l'Abboyeur il reste abandonné,

Comme un Esclave aux bêtes condamné.

Voilà son fort, & puis cherchez à plaire.

Mais c'est bien pis, helas ! s'il réüssit:

L'envie alors, Eumenide implacable,

Chez les vivans, Harpie insatiable,

Que la mort seule à grand' peine adoucit,

L'affreuse Envie, active, impatiente,

Versant le fiel de sa bouche ecumante,

Court à *Paris*, par de longs sifflemens,

Dans leurs greniers reveiller ses enfans

A cette voix, les voilà qui descendent,

Qui dans le monde à grands flots se repandent.

En manteau court, en soutane, en rabat,

En

En Petit-Maître, en Magiſtrat,

Ecoutez-les: cette Oeuvre Dramatique

Eſt dangereuſe & l'Auteur Heretique,

Mais s'il compoſe un Ouvrage nouveau,

Qui puiſſe plaire à *Bouflers*, à *Beauveau*,

A ce vainqueur des Anglois & des Belles,

Qui ne trouva ni Rivaux, ni cruelles:

Si le bon goût du genereux *Choiſeuil*

A ſes travaux fait un honnette accueil:

S'il trouve grace aux yeux de la Marquiſe,

Du ſeul merite en plus d'un genre epriſe:

S'il ſatisfait La *Valliere* & d'*Ayen*:

Malheur à lui; la Cohorte empeſtée

Damne mon homme & le *Journal Chrétien*

Secrettement vous le declare Athée.

Mais grace au Ciel; il eſt un Roi puiſſant,

Qui d'un coup d'œil protége l'innocent,

Et d'un coup d'œil demasque l'hypocrite;

Il hait la fraude, il hait les imposteurs,

Des factions il connoît les Auteurs:

Tremblez, mechans, qui trompez sa justice;

Craignez l'Histoire : elle est votre supplice.

Mais aujourd'hui dans leurs grottes obscures

Laissons siffler ces couleuvres impures.

Ne fouillons pas de leurs hideux portraits

Les doux crayons, qui dessinent vos traits,

Belle *Clairon*, toutes ces barbaries

Sont des objets à vos yeux inconnus,

Et quand on parle à *Minerve*, à *Venus*,

Faut-il nommer *Cerbere* & les *Furies?*

TABLE

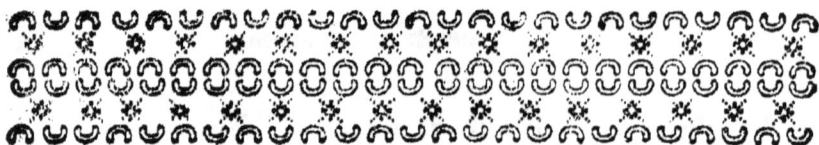

TABLE DES PIECES

CONTENUES

DANS LE

SIXIEME RECUEIL.

---

www.ingramcontent.com/pod-product-compliance
Lightning Source LLC
Chambersburg PA
CBHW051741090426
42738CB00010B/2356